SCHACH
BEI
FRANCKH

IM János Flesch

Das Mittelspiel im Schach

Was der Amateur
vom Mittelspiel wissen sollte

Ratschläge und Beispiele

Franckh'sche Verlagshandlung
Stuttgart

Aus dem ungarischen Manuskript übertragen von Dr. Béla Tomor
Fachliche Durchsicht: Pál Koszorús
Technische Mitarbeit: Frau Ildikó Flesch
106 Diagramme im Text

Umschlag von Edgar Dambacher unter Verwendung eines Dias von Uwe Höch.
Das Bild zeigt auf den entgegengesetzten Seiten plazierte Könige (siehe die Partie Karpow – Kortschnoi auf S. 58).

CIP-Kurztitelaufnahme der Deutschen Bibliothek

Flesch, János:
Das Mittelspiel im Schach: was d. Amateur vom
Mittelspiel wissen sollte; Ratschläge u.
Beispiele/János Flesch. [Aus d.
ungar. Ms. übertr. Béla Tomor]. – 2. Aufl. –
Stuttgart: Franckh, 1980.
(Schach bei Franckh)
ISBN 3-440-04692-3

2. Auflage/7. – 10. Tausend
Franckh'sche Verlagshandlung, W. Keller & Co., Stuttgart/1980

Printed in Germany/Imprimé en Allemagne/L19FiHwr/ISBN 3-440-04692-3
Gesamtherstellung: Brönner & Daentler KG, Eichstätt

Das Mittelspiel im Schach

Vorwort und Einleitung

Die Menschheit, die an die Schwelle des Weltraum-Zeitalters gelangt ist, hat die Welt in jeder Hinsicht gründlich verändert. Infolge der Wechselwirkung haben auch die Umgebung, der ins Unendliche ausgebreitete Horizont, den Menschen geändert. Das *Denken* feiert seine Renaissance.

Die Menschen bevorzugten das Denken und das Spielen zu allen Zeiten. Gewaltige Imperien entstanden und brachen zusammen, aber unser edles Spiel hat alle Stürme der Weltgeschichte überlebt.

Nach dem Zweiten Weltkrieg wurde das Schach überall verbreitet und ist ein wertvoller Bestandteil der menschlichen Kultur geworden. Schach bedeutet heute schon für Millionen den Zement, der die Unmenge von farbigen Mosaiken der Welt in ein harmonisches Bild zusammenfaßt. Schließlich und unwiderruflich!

Parallel mit der Erhöhung der allgemeinen Kultur nimmt der Anspruch der Schachamateure immer mehr zu, ihr beliebtes Spiel präziser, schöner und erfolgreicher zu kultivieren. In Verbindung damit ist auch der Anspruch auf die Schachliteratur bedeutend größer geworden. Zwischen dem Niveau der Schachliteratur und dem Aufschwung der nationalen Schachkultur besteht ein enger Zusammenhang. In unserem Kontinent werden immer mehr Schachfestivals mit immer größerer Anzahl an Teilnehmern veranstaltet. Es ist eine Gesetzmäßigkeit, daß das Schachspiel von höherer Qualität aus der Zunahme der Anzahl der Schachamateure früher oder später Nutzen ziehen muß.

In den in Europa überall ausgetragenen Open-Turnieren finden wir immer mehr begabte junge Teilnehmer deutscher Muttersprache. Von ihnen werden immer mehr Freunde der Schachliteratur.

Ich bin überzeugt, daß mehrere von meinen jungen Lesern einmal auch den Großmeistertitel zu erringen versuchen. Mit meinem gegenwärtigen Werk habe ich mir das Ziel gesetzt, auf diesem Gebiet meinen Lesern behilflich sein zu können, da das Mittelspiel ein verhältnismäßig wenig beschriebenes Gebiet ist.

Jedermann weiß, daß es sich um den mittleren Abschnitt der Schachpartie handelt. Wo ist aber die Grenze dieses Abschnittes? Eine genaue Definition haben schon viele zu konzipieren versucht, aber ohne jeden Erfolg. Ich glaube nicht daran, daß es überhaupt eine genaue Definition gibt. Das Mittelspiel ist oft ein Teil der Eröffnung, in der sich die spätere Strategie ausgestaltet. Zum Mittelspiel gehört auch die Abwicklung, obwohl sie auch in den Endspiellehrbüchern vorkommt.

Im Mittelspiel ist es unwichtig, wo es anfängt und wo es endet. In meinem Buch war ich bestrebt, eher die Geheimnisse dieser mystischen Partiephase den Lesern bekannt zu machen. Wir veranlassen darum unsere Leser, aus der Tagespresse, den Turnierbüchern und auch aus ihrer eigenen Praxis die Partien interessanter Mittelspiele auszuwählen und zu sammeln.

Das Systematisieren des Stoffes kann auf verschiedene Art erfolgen. Dieses Buch selbst kann als ein Beispiel dienen. Unsere drei Kapitel sind: *Material, Raum* und *Zeit.* Diese Faktoren treten immer in einer Wechselwirkung auf. Entsprechend diesen drei Faktoren wurde auch das vorliegende Buch eingeteilt.

Ich empfehle dem Leser der sich weiter entwickeln will, die im Buch befindlichen Partien auch mehrere Male nachzuspielen, dann aus dem Gesichtspunkt beider Spieler durch eingehende, ausführliche Analyse das Wesen der Gesetzmäßigkeiten aufdecken zu versuchen. Der Leser soll die Gedanken der Schachspieler, sogar des Verfassers kritisch betrachten. Diese Methode kann nur in dem Fall vollkommen sein, wenn man seine eigenen Gedanken der strengsten Kritik zu unterziehen fähig ist. Denn nur jener vermag die anderen zu überholen, der auch sich selbst überwunden hat!

Lieber Leser! Ich wünsche Ihnen nützliches Studieren, gute Fortschritte und angenehme Unterhaltung.

IM János Flesch

Vorwort zur zweiten Auflage

Der überaus große Erfolg der ersten Auflage zeigt, daß die deutschen Leser meine Methode gut verstanden haben. Deswegen brauchten in der zweiten Auflage nicht viele Änderungen durchgeführt zu werden.

Hier möchte ich mich bedanken für die vielen schönen Briefe, die ich von meinen Lesern bekommen habe. Viele der Ratschläge werden Sie in späteren Werken wiederfinden.

IM János Flesch

Erklärung der Zeichen und der Notation

Die 32 Steine und ihre Symbole

	Weiß		*Schwarz*		In Notation
Je 1	♔		♚		K = König
Je 1	♕		♛		D = Dame
Je 2	♖	♖	♜	♜	T = Turm
Je 2	♗	♗	♝	♝	L = Läufer
Je 2	♘	♘	♞	♞	S = Springer
Je 8	♙		♟		Ohne Zeichen *(Nur bei Stellungsangabe wird B geschrieben)*

Das Schachbrett und die Bezeichnung der 64 Felder

Die Notation (das Aufschreiben der Züge) dient dazu, den gespielten Zug festzuhalten, um ihn nachspielen zu können. Es gibt die ausgeschriebene (*vollständige*) und die abgekürzte (Kurznotation) Notation.
Ein Beispiel der ausgeschriebenen Notation aus der Anfangsstellung:
1.e2-e4 e7-e5 2.Sgl-f3 Sb8-c6 3.d2-d4 e5xd4
Dieselben Züge in Kurznotation:
1.e4 e5 2. Sf3 Sc6 3. d4 ed4:
Die erste Hälfte der Notation sagt

	a	b	c	d	e	f	g	h
8	a8	b8	c8	d8	e8	f8	g8	h8
7	a7	b7	c7	d7	e7	f7	g7	h7
6	a6	b6	c6	d6	e6	f6	g6	h6
5	a5	b5	c5	d5	e5	f5	g5	h5
4	a4	b4	c4	d4	e4	f4	g4	h4
3	a3	b3	c3	d3	e3	f3	g3	h3
2	a2	b2	c2	d2	e2	f2	g2	h2
1	a1	b1	c1	d1	e1	f1	g1	h1

uns den weißen Zug, dahinter folgt der schwarze Gegenzug. Die Punkte hinter der Zugziffer bedeuten, daß der vorausgehende weiße Zug bereits bekannt ist.
Zum Beispiel auf Seite 12 bei der Partie Hübner – Sigurjonsson beim Zug 8....Sd5; der vorausgehende weiße Zug war 8.Sf3, dann kommt eine Anmerkung zum Zug von Weiß; danach wird die Partie fortgesetzt mit 8....Sd5.
In einigen Schachbüchern wird auch der fehlende schwarze Zug mit Punkten markiert; z.B. 26.Ld3... e4... es ist aber nicht mehr üblich.

Die in diesem Band vorkommenden Zeichen sind:

-	zieht nach
x	schlägt
:	schlägt (Kurznotation)
†	Schach
‡	Matt
!	guter Zug
?	schlechter Zug
!?	interessanter Zug (doch zweischneidig)
?!	fraglicher Zug, aber interessant
!!	sehr guter Zug
??	grober Fehler
∓	Vorteil für Schwarz
±	Vorteil für Weiß
0—0	kurze Rochade
0—0—0	lange Rochade
1:0	Weiß hat gewonnen
0:1	Schwarz hat gewonnen
=	Remis (oder Gleichstand)

I. Das Material im Mittelspiel

Die Rolle der Leichtfiguren im Mittelspiel

Jedes Zeitalter der Menschheit hat seinen Irrglauben in gesellschaftlicher, wissenschaftlicher und künstlerischer Hinsicht. Dieselbe Lage sehen wir auch in der internationalen Entwicklung der Schachkultur.
Ein typischer Irrtum in der heutigen Theorie und Praxis des Schachspiels besteht darin, daß der Läufer, aber besonders das Läuferpaar im Vergleich zum Springer, beziehungsweise zum Springerpaar, sehr überschätzt wird. Die Statistik der internationalen Turnierpraxis bekräftigt zwar die Überlegenheit des Läuferpaares, aber all dies beruht größtenteils auf einer irrtümlichen Mittelspielauffassung. Es besteht nämlich kein eigentlicher Wertunterschied zwischen den zwei andersartigen Leichtfiguren. Nur so viel muß man zugeben, daß jede Leichtfigur infolge ihrer eigenartigen Gangart in der dementsprechenden Stellung erfolgreicher eingesetzt werden kann.
Der Schachspieler unserer Zeit behandelt den Läufer besser und praktischer als unsere Vorgänger. Das bezieht sich vorzugsweise auf das Läuferpaar.
Aufgrund seines Körperbaues ist der Mensch gegenüber den von der Seite kommenden Drohungen weniger geschützt, als gegenüber den horizontalen Drohungen. Der Mensch unserer Zeit ist in seinem Denken und bei vielen Verrichtungen – beispielsweise beim Autofahren, Fernsehen oder im Kino – eher nach vorne ausgerichtet als zur Seite. Ein Grund der enormen Überschätzung des Läufers dürfte hierin liegen.
Das Schach ist aber auch ein Sport. Die Selbstbildung kann hier bedeutende Erfolge bringen.
Wie dem auch sei, eines ist wahr: Die Schachspieler der vergangenen Zeit konnten den Springer und das Springerpaar besser behandeln.
Die Verteidigung des Nachziehenden wird aber des öfteren sehr schwer, falls er sich am Läuferpaar zu hartnäckig festhält. Er tut besser daran, wenn er in geeignetem Moment auf einen – möglichst auf den schlechteren – von seinen Läufern verzichtet und im feindlichen Lager einen schwachen Punkt aufbaut ihn mit dem Springer ausnutzt und so zum Gegenspiel zu kommen versucht.
Im allgemeinen bevorzugt der Läufer die offene, der Springer dagegen die geschlossene Stellung. Dazu muß man hinzufügen, daß es immer schwer ist eine Stellung geschlossen

zu halten, denn im Laufe der Partie wird die Stellung mit jedem Zug, besonders mit jedem Tausch immer luftiger und offener.

Der reelle Wert des Springers und des Springerpaares ist besser zu studieren, denn der Schachspieler unserer Zeit kann auf diesem Gebiet noch bedeutende Fortschritte machen.

In diesem Kapitel prüfen wir zuerst eine solche Stellung, welche von zwei hervorragenden Großmeistern unserer Zeit auf verschiedene Weise gelöst wurde. Hübner verließ sich auf das Läuferpaar, während Petrosjan für das „gemischte Doppel" von Läufer und Springer eintrat. Beide Großmeister haben einen schönen Sieg davongetragen.

In unserem dritten Beispiel untersuchen wir ein solches Mittelspiel, in dem das Springerpaar gegen das Läuferpaar – und noch dazu mit Erfolg – kämpft.

Das Läuferpaar „im Betrieb"

Hübner – Sigurjonsson
Skopje 1972

1.c4 Sf6 2.Sc3 d5 3.cd5: Sd5: 4.g3 g6 5.Lg2 Sb6 6.d3 Lg7 7.Le3 Sc6
(Diagramm rechte Spalte)

Das Mittelspiel unserer beiden Musterpartien geht von dieser Diagrammstellung aus.

Hübner baut das Mittelspiel auf das Läuferpaar und die offene c-Linie.

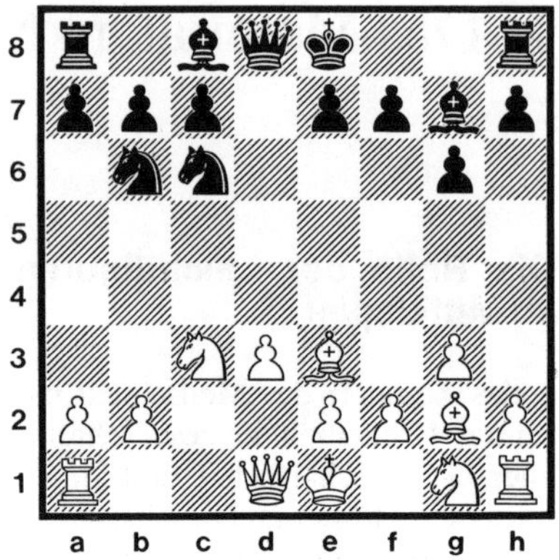

Stellung nach dem 7. Zug

8.Sf3
Beendet die Entwicklung. Es ist schon nicht mehr zweckmäßig, die große Diagonale auch weiterhin offen zu halten. Auf 8.Dd2 folgt z.B. 8....Sd4.

8. . . .Sd5 9.Ld2
Eigentlich kein Tempoverlust. Der Läufer steht nämlich auch auf d2 gut. Der Springer kann dagegen auf der großen Diagonale (a8-h1) und der Diagonale b3-g8 ins Kreuzfeuer des weißen Läufers bzw. der weißen Dame geraten.

9. . . .0—0 10.0—0 h6
Läßt die Aufstellung Dc1-Lh6 nicht zu. Nach dem Abtausch des Läufers g7 hätte nämlich nur Weiß solch einen Läufer, der auf der großen Diagonale wirkt. Das schlüge also zum Vorteil des Anziehenden aus.

11.Tb1
Bereitet ein feines Manöver vor. Angesichts seines feinen strategischen Sinnes wird Hübner oftmals

der ehrenvolle Name „deutscher Capablanca“ gegeben. Hübner fühlte jetzt, daß er mit 11.Dc1 Sc3: 12.bc3: Kh7 13.Tb1 e5 14.Le3 Tb8 weniger erzielt, als er mit der weiteren Aufrechterhaltung der Spannung im Mittelspiel erhoffen kann.

11....Le6 12.Se4

Bereitet den Minoritätsangriff auf dem Damenflügel vor und nimmt zugleich den Punkt c5 aufs Korn, den der Springer in ähnlichen Konstellationen als Stützpunkt wohl ausnutzen kann.

12....Dc8 13.Dc1

Ein einfacher, jedoch entscheidend starker Zug. Er zwingt den schwarzen König nach h7 zu ziehen, dadurch scheitert die Abtauschaktion Lh3, denn Lh3 verliert wegen Sg5†.

13....Kh7 14.b4

Falls sich unsere Figuren vorteilhaft postieren, können wir unseren Vorteil mit der Veränderung der Bauernstruktur steigern. Im gegenwärtigen Fall geht diese Veränderung auf die Vertreibung des auf c6 stehenden Springers aus.

14....a6 15.a4 Lg4 16.b5 ab5: 17.ab5:

(Diagramm rechte Spalte)

Es liegt in der Natur des Mittelspiels, daß der Positionskampf mit taktischen „Nebengassen“ verbunden ist. Die sich verteidigende Partei versucht nämlich durch Heraufbeschwören von Verwicklungen die Ausführung der Pläne des Gegners zu stören. Das muß der im Vorteil befindliche Spieler immer in Betracht ziehen.

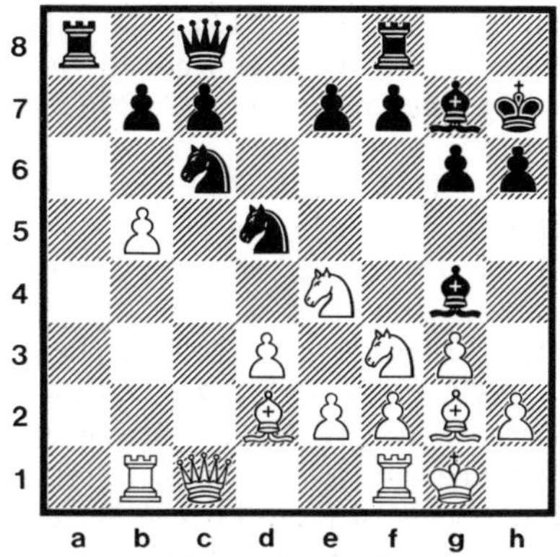

Stellung nach 17.ab5:

Jetzt boten sich z.B. zwei interessante taktische Nebengassen dar, welche allesamt an der Stabilität der weißen Stellung scheitern.

I. 17....Lf3: 18.bc6:! Lg2: 19.cb7: Dh3 20.ba8:D Lf1: (Droht Dg2 ≠!) 21.Sg5† hg5: 22.Dd5: ±

II. 20....Ta8: 21.Dc6! Ta2 22.Dd5: Td2: 23.Sg5† hg5: 24.Dg2: ±

17....Sd8 18.Te1 Te8

Die Zuschauer meinten, daß 18....e5 besser wäre. Das ist aber nicht wahr! Nach 18....e5 19.Sfg5† Kh8 20.Sc5 Se7 21.Sge4! Kh7 22.b6 besäße Weiß einen noch größeren Vorteil.

19.h3

Es war weniger riskant, durch 19.Dc5 Le6 20.Tec1 den Druck auf den Damenflügel zu verstärken. Hübner ist aber ein außerordentlicher Schachspieler, der auch in äußerst komplizierten Stellungen die „Wahrheit“ trifft. Er berechnet die Kombinationen sehr weit voraus und ist genau wie ein Uhrwerk. Prüfen wir jetzt die drei schönen Abzweigungen nach 19....Lf3: 20.Lf3: Dh3:

I. 21.Sg5† hg5: 22.Ld5: Ld4! (Droht Dg3:†) 23.e3 Lb6 ∓

II. 21.Dc4! c6 22.bc6: bc6: 23.Lg4 Dg4: 24.Sg5† Dg5: 25.Lg5: hg5: ∓

III. 23.Sg5† hg5: 24.Lg4 Dh6 25.Kg2 f5 26.Th1 fg4: 27.Th6:† Lh6: 28.Th1 Kg7 29.e4 Sf6 30.e5 Sd5 31.Dg4:

schließlich zu Gunsten von Weiß. Schwarz durfte also diesen taktischen Weg nicht betreten. So hat das Mittelspiel die Richtigkeit der strategischen Linienführung von Hübner bewiesen, denn in einem Positionsgeplänkel vermag Schwarz seinen Nachteil nicht zu verringern.

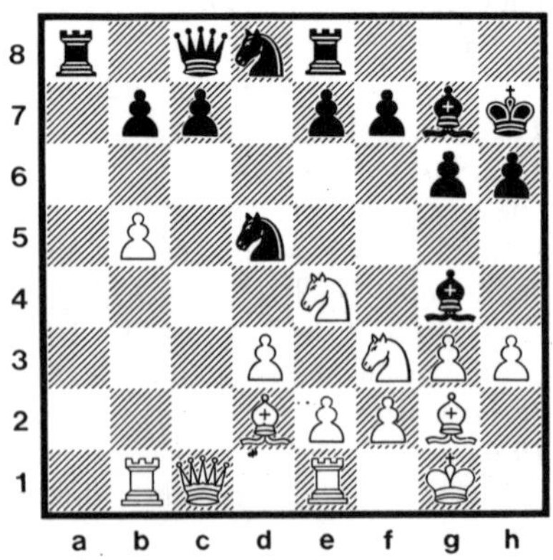

Stellung nach 19.h3

19....Lf3: 20.Lf3: Se6 21.h4 Sd4 22.Lg2 Td8 (22....e5? 23.Sc5!) **23.e3 Se6 24.d4 Dd7 25.Dc2 f5 26.Sc3 Sc3:** (26. . . .c6 27.bc6: bc6: 28.h5! ±) **27.Lc3: Ta7 28.h5! Sf8 29.e4 f4 30.d5 Tda8 31.Lg7: Kg7: 32.gf4: gh5: 33.f5 Sh7 34.Tb3 Tg8 35.Dd1**

Die Drohung Dd4 kann nicht gut pariert werden, z.B. 35....Sf6 36.e5 Se8 37.e6 usw. Schwarz gab auf.

Das „gemischte Doppel" von Läufer und Springer

Petrosjan – Schmidt

Skopje 1972

Die ersten 7 Zugpaare wie in der vorigen Partie.

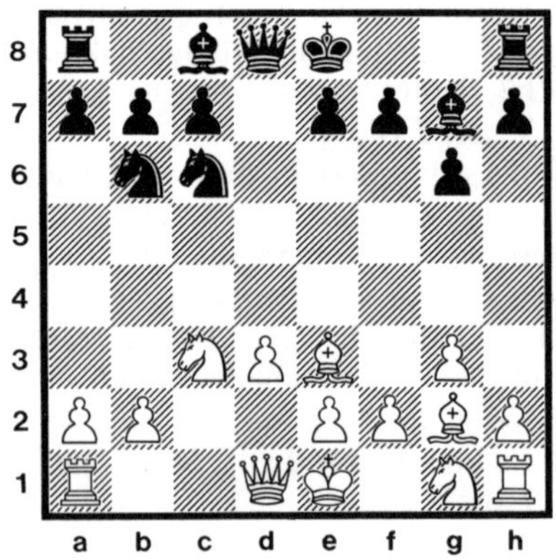

Stellung nach dem 7. Zug

8.Lc6:†!?

Petrosjan wählt eine diametral entgegengesetzte Strategie im Vergleich zu der Hübners.

Es ist selbstverständlich, daß der isolierte Doppelbauer, obendrein auf der offenen c-Linie, eine An-

griffsmarke bildet. Es ist jedoch kein Zufall, daß man diese Fortsetzung lange Jahre hindurch außer Acht ließ. Auf den fianchettierten (flankierten) Läufer verzichtet man nicht gerne, da die Bauernkette am Königsflügel nach dem Abtausch des Königsläufers zu „löcherig" wird. Bis dahin wurde noch nicht entdeckt, wie der Wirkungskreis des die langen Diagonalen beherrschenden Läuferpaares eingeschränkt werden kann.
Der verblüffende Textzug führte also ohne einen entsprechenden strategischen Plan zum Zusammenbruch.
Angesichts dieses Zuges sagte Tal sonst:
„Um eine solche schwarze Stellung würde ich einen Bauern gerne opfern!"

8....bc6: 9.Dc1!
Er kommt schon der Sache nahe! Läßt Schwarz den Abtausch seines Königsläufers durch 9....0—0 10.Lh6 zu, wird er nach dem Verschwinden des Läuferpaares für seine Bauernschwächen am Damenflügel auf keine Weise mehr entschädigt. Seine Antwort ist also erzwungen und infolgedessen vermag Schwarz noch lange nicht zu rochieren.
9....h6 10.Sf3 Lh3 11.Tg1 Lg4
11....h5 hätte 12.Sg5 zur Folge. Nach 11....f5 12.Sa4 Sa4: 13.Dc6:† Kf8 14.Da4: Lb2: 15.Tb1 Lg7 16.Sd4 Ld4: 17.Ld4: Th7 18.Kd2 stünde Weiß ebenfalls überlegen.

12.Sd2 Sd5 (Falls 12....0—0, so 13.Sb3 ±) **13.Sd5:!**
Der zentralisierte schwarze Springer muß beseitigt werden, wenn auch dadurch der Doppelbauer aufgelöst wird. Am Damenflügel, besonders auf der c-Linie verbleiben aber die schwachen Punkte!
13....cd5: 14.Sb3! Dd6 15.f3 Ld7 16.d4!

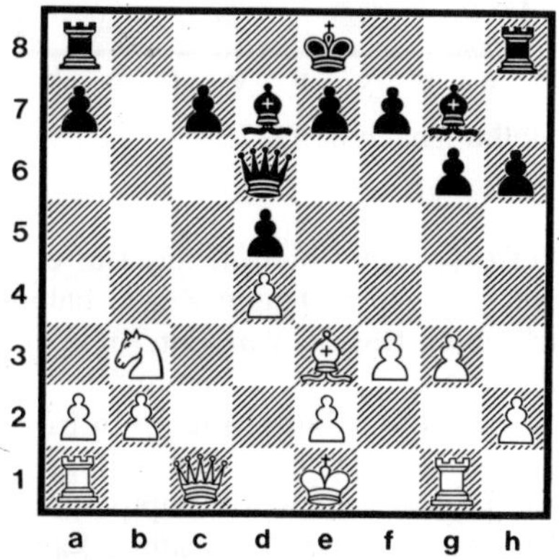

Stellung nach 16.d4!

Petrosjan am Werke!
Was ist also jetzt die Kriegslage? Schwarz kann seine auf der c-Linie eingedrückte Stellung kaum wesentlich verbessern. Sehr verfehlt wäre vor der Rochade eine Sprengung auszuführen, denn nach 16....h5 17.Kf2 e5 18.de5: Le5: 19.Lc5, geriete der schwarze König in eine sehr unbequeme Lage.
16....Tb8 17.Kf2 h5 18.Lf4 e5 19.de5: Le5: 20.De3! f6 21.Da7:
(Siehe Diagramm Seite 16)

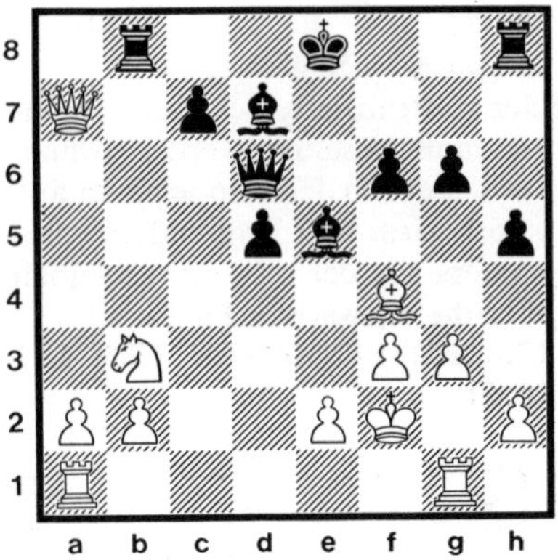

Stellung nach 21.Da7:

Petrosjan ging hierauf ans Buffet. Nach so vielen feinen Zügen habe ich einen Bauern verdient, sagte er den Fragern.
Wahrlich, das Mittelspiel ist zu Ende, und zwar mit dem völligen Triumph des weißen Kampfplanes. Im Stadium der Abwicklung kam der Gegner zwar zu einigem Gegenspiel – gegen das Material – aber die Abwendung des Angriffs war nur eine technische Aufgabe.

21....0—0 22.Tac1! Tfe8
(Oder 22....Lf4: 23.gf4: Df4: 24.Dc7: Dc7: 25.Tc7: Lf5 26.Sd4!, was sehr einfach wäre).
23.Le5: De5: 24.Tge1 Ta8
(24....Db2: 25.Tc7: Ta8 26.Db7 usw.)
23.Dc7: De3† 26.Kg2 Ta7 27.Dd6 h4 28.gh4 Le6 29.Tc3 Dh6 30.a3 Td7 31.Dg3 d4 32.Td3 Lb3: 33.Tb3: Dd2 34.Kf1 Kh7 35.Tb8 Te5 36.Dg4 f5 37.Dg5 Te3 38.Df6
(Auf 38....Tg7 39.Df8!)
Schwarz gab auf: 1:0

Das Springerpaar

Es ist ein allgemeiner Glaube, daß der Springer und besonders das Springerpaar nur in geschlossenen Stellungen gut ausgenutzt werden können. In unserer nächstfolgenden Musterpartie können wir uns davon überzeugen, daß diese „Regel" nicht immer maßgebend ist.

Ögaard – Flesch
Oslo 1974
1.d4 Sf6 2.c4 e6 3.Sc3 Lb4 4.e3 c5 5.Ld3 0—0 6.Sf3 d5 7.0—0 cd4: 8.ed4: dc4: 9.Lc4: Lc3: 10.bc3: Dc7 11.De2 Sbd7 12.Ld2 b6 13.Ld3 Lb7 14.c4 Tac8 15.Tac1

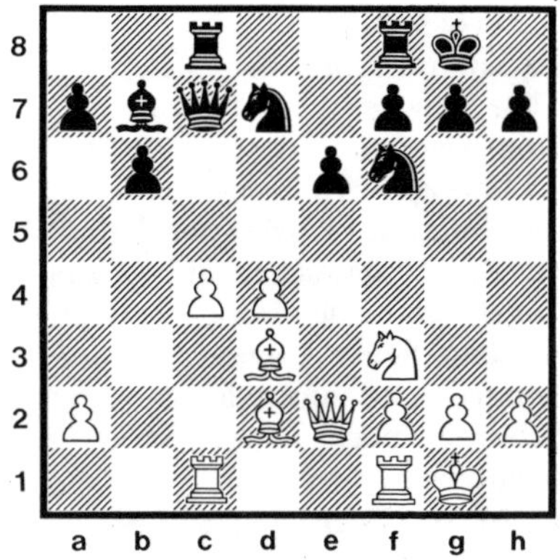

Stellung nach 15.Tac1

15....Lf3:!
Schwarz gibt seinen Läufer hin und

kämpft mit dem Springerpaar weiter – gegen das Läuferpaar. In solcher offenen Stellung ist dies nur am Platze, wenn die Springer genügend beweglich sind.

16.Df3: e5!

Zweck der Sprengung liegt in der Umgestaltung des Bauerngefüges. Weiß steht vor der Wahl. Nach 17.de5: Se5: 18.Dg3 Sd3: 19.Dd3: würden die weißen Bauern auf drei Inseln zerrissen, während die Bauern von Schwarz nur zwei Inseln bilden. Dessen Bedeutung wird im Kapitel über die Bauern ausführlich erörtert. Auch 17.d5 wäre nicht besser, denn die nach 17....e4! 18.Le4: Se5 entstehenden Verwicklungen sind für Schwarz günstiger. Darum kann nur der Textzug folgen.

17.Le3 ed4:!

Der Tausch leidet keinen Verzug, denn auf 17....Tfe8 wäre 18.Lf5 mit der Fesselung des Springers unangenehm.

18.Ld4: Se5 19.Df5 Sd3: 20.Dd3:

Der Zwischenzug 20.Lf6: würde natürlich nicht von 20....Sc1:?? gefolgt, wonach 21.Dg5! g6 22.Dh6 mit undeckbarem Matt drohen könnte. Auf 20.Lf6: dürfte 20....Df4 die richtige Erwiderung sein, weil nach 21.Dd3: Df6: die Deckung des c-Bauern dem Anziehenden Sorgen macht.

(Diagramm rechte Spalte)

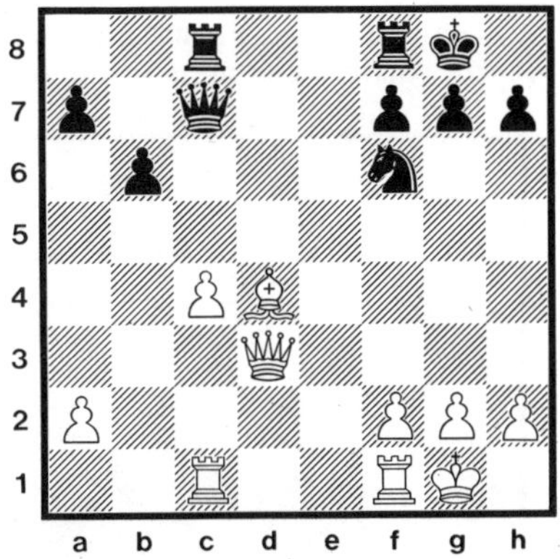

Stellung nach 20.Dd3:

20....Tfd8 21.Dc3 (21.De3?? Sg4!) **21....Se4**

Im Laufe seiner Streiferei kann der Springer jedes Feld angreifen, im Gegensatz zum Läufer, der stets auf der gleichen Farbe bleiben muß.

22.Db2 Sc5! 23.Dc3

23.Lc5: Dc5: wäre für Weiß sehr ungünstig, denn so könnten die schwarzen Schwerfiguren ihre Kräfte auf den c-Bauern konzentrieren und zugleich auf dem Königsflügel einen Angriff einleiten. Auf das Qualitätsopfer 23.Lg7:? Sd3 24.Da1 Sc1: 25.Tc1: (sonst Se2†) Te8 26.Tc3 Te6 kann sich Weiß nicht einlassen.

23....Se6 24.Le3 Td6

Auch die dritte Schwerfigur von Schwarz ist bereit, gegen den c-Bauern aufzumarschieren.

25.Tc2 Dd7! 26.Db4 Td3 27.a4

Jetzt verfügt der weiße Läufer auf der Diagonale der schwarzen Damenflügelbauern über einen von dem f-Bauern gedeckten Stützpunkt. Droht außerdem a4-a5. Ja freilich! Aber nun können wir uns mit einer anderen guten Eigenschaft des Springers bekannt machen: er kann seine Bauern auch im Angriff vortrefflich unterstützen.

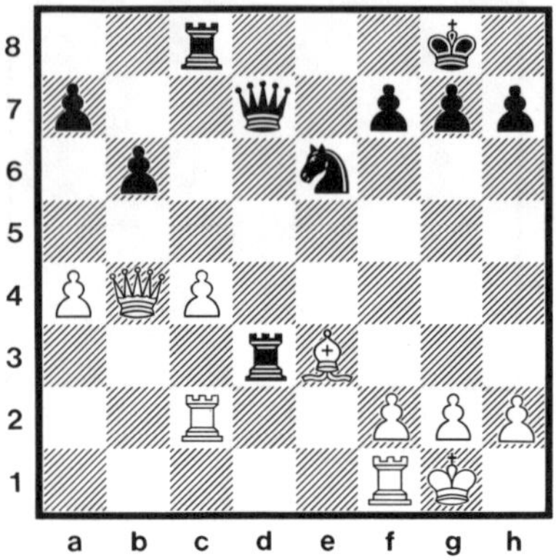

Stellung nach 27.a4

füllt, der Kampf gelangte im Mittelspiel zur Entscheidung.

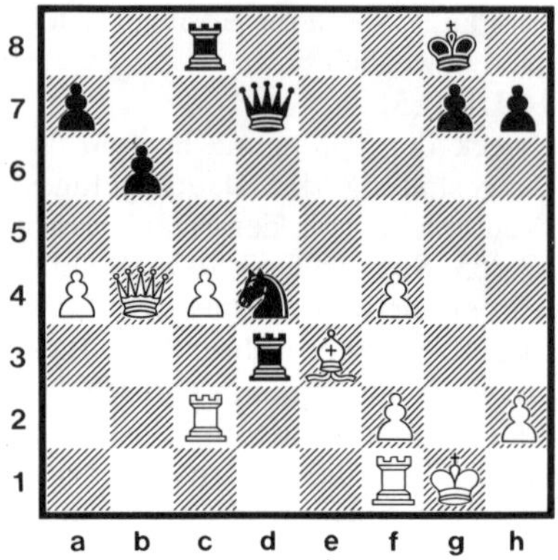

Stellung nach dem 29. Zug

27....f5!

Wenn wir schon gut stehen und die Lage unserer Figuren nicht weiter verbessern, beziehungsweise die feindlichen Figuren nicht in eine ungünstigere Lage bringen können, haben wir die letzte Reserve einzusetzen: mit Hilfe unserer besser plazierten Figuren müssen wir unser Bauerngefüge verändern. Der sich mit der ungünstigeren Plazierung seiner Figuren abgebende Gegner vermag sich den geänderten Umständen nicht so leicht anzupassen. Auch jetzt ist es die Lage: der Vormarsch des f-Bauern droht nicht nur den Läufer wegzujagen, sondern sogar mit f4-f3 die weiße Königsstellung zu zerstören.

28.g3 f4! 29.gf4: Sd4!

Der Springer hat seinen Auftrag erfüllt, der Kampf gelangte im Mittelspiel zur Entscheidung.

30.Ld4: Dg4† 31.Kh1 Df3† 32.Kg1 Tc6 33.f5 (Gegen Tg6 ‡)
33....Td4: 34.h3

Bei der zertrümmerten Königsstellung setzt Weiß seine letzte Hoffnung auf diesen verwaisten Bauern.

34. . . .Tg4†!!

Weiß gab auf: 0:1

35.hg4: Dg4:† 36.Kh2 Th6 matt.

Diese Partie hat sich auf die vier Jahre später gespielte, unten folgende Partie entscheidend ausgewirkt. Karpow kannte den Verlauf dieser Begegnung von theoretischer Wichtigkeit, während Portisch sie sich zu spät ins Gedächtnis zurückgerufen hat.

Portisch – Karpow
Bugojno 1978

1.d4 Sf6 2.c4 e6 3.Sc3 Lb4 4.e3

0—0 5.Ld3 c5 6.Sf3 d5 7.0—0 dc4: 8.Lc4: cd4: 9.ed4: b6 10.Lg5 Lb7 11.Te1 Sbd7 12.Tc1 Tc8 13.Ld3 Lc3: 14.bc3: Dc7 15.c4 Tfe8 16.De2 h6 17.Ld2

Das Mittelspiel ähnelt dem der vorigen Partie, jedoch mit dem kleinen Unterschied, daß hier die Türme schon auf die e-Linie gebracht wurden und Schwarz h6 gezogen hat.

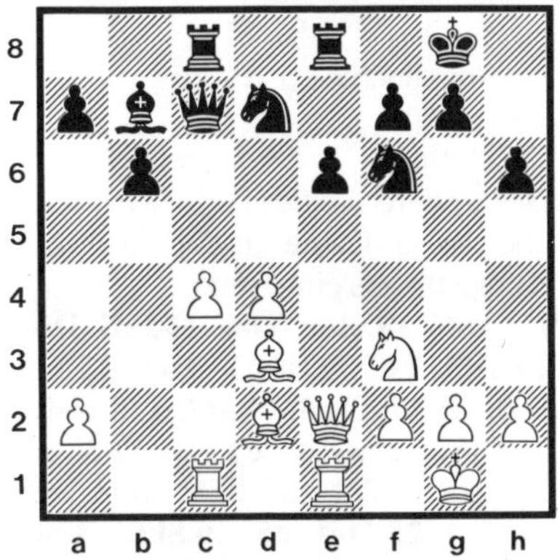

Stellung nach 17.Ld2

17....Lf3:! 18.Df3: e5! 19.Dg3?!

Jetzt tauchte die vorige Partie im Gedächtnis von Portisch plötzlich auf, und er ist bestrebt, auf irgend eine Art von ihr abzuweichen. Er opfert einen Bauern, um das Läuferpaar ins Spiel zu bringen.

19....ed4: 20.Te8† Se8: 21.Lf4 Dc6 22.Lf5 Td8 23.h3 Sc5 24.Td1 Df6 25.Lb1 De6 26.Kh2 Kf8 27.Le5 Dc4: 28.Df4

(Diagramm rechte Spalte)

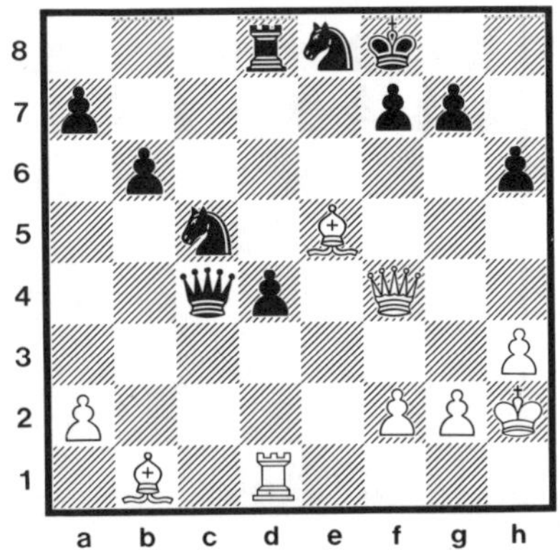

Stellung nach 28.Df4

28....Se6!

Der Springer deckt und greift gleichzeitig an!

29.De4 Dd5 30.De2 Sd6 31.a4 Sc4 32.Lg3 Sc5 33.La2 d3 34.De1 Dd4 35.f3 Se3 36.Td2 Te8 37.Dc1 Sa4: 38.Kh1 Sc5 39.Lf2 De5 40.Lb1 Kg8

Weiß gab auf: 0:1

Die Rolle der Schwerfiguren im Mittelspiel

Die Türme in der Hauptrolle

Hort – Panno
Manila 1976

1.c4 g6 2.d4 Lg7 3.Sc3 d6 4.e4 Sd7 5.Sf3 e5 6.Le2 Sh6

(Siehe Diagramm Seite 20)

7.h4!

Das Vorrücken des h-Bauern bringt den schwarzen Königsflügel in Ver-

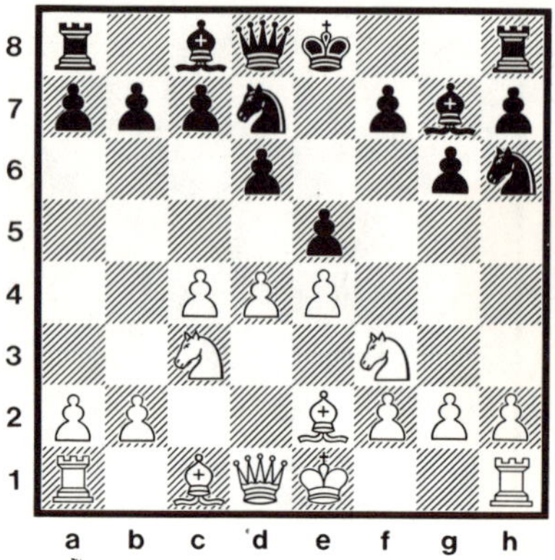

Stellung nach dem 6. Zug

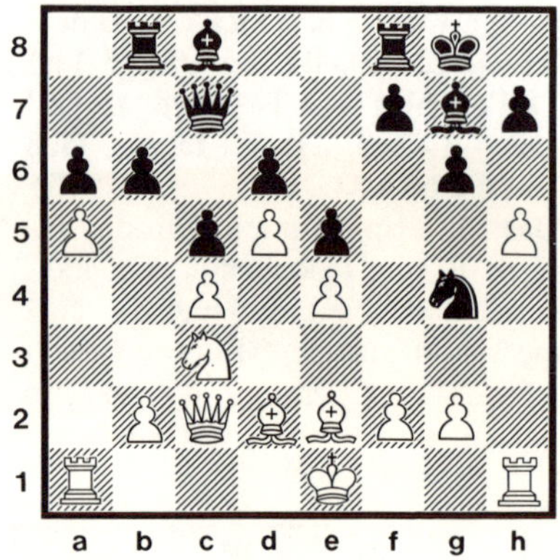

Stellung nach dem 16. Zug

wirrung, gerade wenn Schwarz Vorkehrungen zum Gegenangriff trifft. Es ist eine Seltenheit, daß sich der Königsturm durch den Zug des Randbauern schon entwickelt hat. Er ist ja in seiner Ausgangsstellung am besten postiert. Das Mittelspiel ist früh zustande gekommen.

7....c6 8.d5 c5 9.h5 a6 10.a3!

Irreführend wäre 10.Lh6: Lh6: 11.hg6: hg6: 12.Dc1 Lc1:! 13.Th8:† Ke7 14.Td8: Lb2: 15.Kd2 La1: 16.Th8 Lc3:† 17.Kc3: Sb6! usw.

10....Dc7 11.Dc2 Tb8 12.a4! Sf6 13.Sh2 Shg4 14.Sg4: Sg4: 15.a5! b6 16.Ld2 0—0 (Falls 16....ba5:, so 17.Sd1! ±)

(Diagramm rechte Spalte)

17.Ta3!

Eine großartige strategische Linienführung! Einer von den weißen Türmen hat sich bereits entwickelt, obwohl er keinen Zug ausführte. Der andere weiße Turm wird aber über die 3. Reihe an der Front des Königsflügels eingesetzt.

17....Sf6 18.ab6: Tb6: 19.Sd1 Db8 20.Tg3 Ld7 21.Lc3 Tb7 22.Se3 Dd8 23.Lf3 Te8 24.Sf5! Lf8 (oder 24.Lf5: 25.ef5: e4 26.Le2 e3 27.hg6: ef2:† 28.Kf1! und gewinnt.) **25.Dc1 a5 26.Sh6† Lh6:** (26. . . .Kg7? 27.Sf7: Kf7: 28.hg6:† hg6: 29.Dg5 und ebenfalls gewinnt.) **27.Dh6: De7 28.De3 a4 29.Ld1 Teb8 30.0—0 Tb2: 31.Lb2: Tb2:**

Die ungewöhnliche Entwicklung der weißen Türme hat sich im Mittelspiel vortrefflich bewährt. Jetzt hätte Weiß endlich eine Linie öffnen müssen. Nach 32.hg6: fg6: 33.f4! wäre der Nachziehende in einer fast hoffnungslosen Lage.

In seiner Zeitnot wählt Hort aber eine schwächere Fortsetzung, bei der er zwar noch etwas im Vorteil

Das harmonische Zusammenspiel der Schwerfiguren

In unserem ersten Beispiel wurde ein verhältnismäßig einfaches Mittelspiel von offenem Charakter mit dem Aufmarsch der Schwerfiguren entschieden.

Balaschow – Dorfman
Sowjetunion 1978
1.c4 Sf6 2.Sc3 c5 3.Sf3 d5 4.cd5: Sd5: 5.d4 Sc3: 6.bc3: g6 7.e3 Lg7 8.Ld3 0—0 9.0—0 Da5 10.Lb2 cd4:?
Vorsicht! Die Linie öffnen wir für den Gegner, wenn er im Moment des Tausches besser entwickelt ist. Auf der geöffneten Linie wird er früher erscheinen.
11.cd4: Sc6

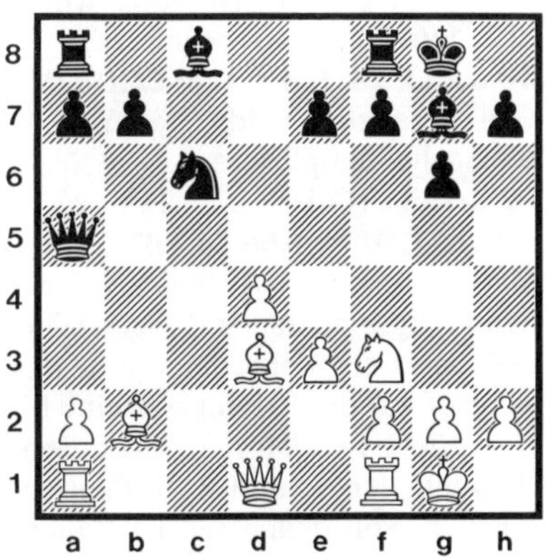

Stellung nach dem 11. Zug

Der Plan von Schwarz besteht darin, mittels e7-e5 zu sprengen. In diesem Fall würde der Springer auf f3 schlecht stehen und eventuell durch den Läufer gefesselt werden.
12.Sd2!
Der Springer erreicht mit Tempogewinn das Feld b3, von wo er den Bauern d4 unterstützt, damit sein Nachbar, der e-Bauer, vorrücken kann. 12....e5? wäre jetzt schon eine schwache Erwiderung wegen 13.Sc4! Dc7 14.d5 und Weiß steht viel besser.
12....Lf5 13.Sb3 Dd5 14.La3 Tfc8 15.Tc1 Ld3: 16.Dd3: e6

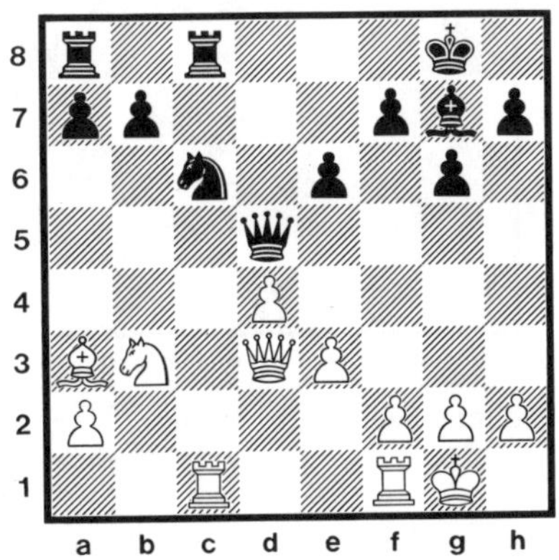

Stellung nach dem 16. Zug

16....e5? wäre schlecht gewesen, denn mit 17.e4! hätte Weiß ein für ihn günstiges Bauerngefüge zustande bringen können, und zwar aus zwei Gründen: 1. Weiß besäße einen geschützten Freibauern, 2. der blockierte schwarze Bauer e5 schränkte seinen eigenen Läufer ein.
Nachdem die Leichtfiguren des An-

ziehenden schon optimal postiert sind, soll er auch die Harmonie der Schwerfiguren schaffen, die sich der Stellung anpaßt.
Die erste Aufgabe ist die Sicherung des zentralen Vorstoßes, was zugleich einen gesunden Raumvorteil ergibt.

17.Tfd1! Sa5 18.e4 Dh5

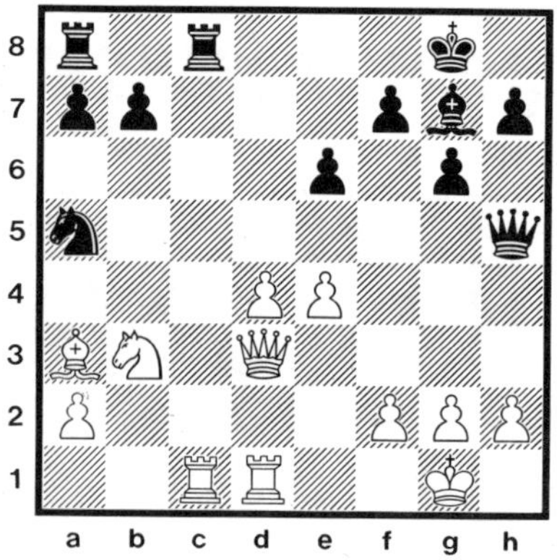

Stellung nach dem 18. Zug

Weiß steht besser, weil seine Schwerfiguren mit den Leichtfiguren besser zusammenwirken. Das bedeutet in konkreter Form, daß die vorrückenden weißen Zentrumsbauern vom schwarzen Springer nicht blockiert werden können.

19.d5! Sc4

Auf diesen taktischen Zwischenzug hat sich der Verteidiger verlassen. Der Springer darf freilich nicht geschlagen werden, weil der Turm d1 hängt. 20.Le7 würde mit Sb2 beantwortet werden.

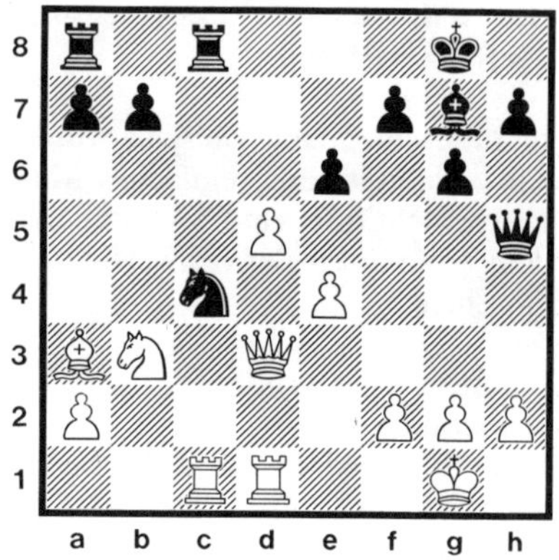

Stellung nach dem 19. Zug

20.de6:!

Die Lage der Schwerfiguren, die sich der Struktur der Stellung harmonisch anpaßt, erhöht noch den Wert des Freibauern. Jetzt würde 20....fe6: an 21.Dd7 scheitern.

20....Sa3: 21.Tc8:† Tc8: 22.Dd7!

Gut ist auch 22.Dd8†, aber wozu die Sache komplizieren.

22....Ta8 (Oder 22....Tf8 23.e7 usw.) **23.Df7:† Kh8 24.Td7!**

Der typische Aufmarsch der Schwerfiguren: zuerst dringen sie in die Linien ein, dann steigern sie den Angriff auf der 7. oder 8. Reihe bis zum Sieg. Die Türme sind besonders auf den 7. und 8. Reihen gefährlich, von denen sie die Bauern in der Seite oder im Rücken angreifen können und oft auch dem König verhängnisvoll drohen.

24....Le5

Oder 24....De5 25.e7 und Weiß gewinnt.

Die Rolle der Bauern im Mittelspiel

In der Grundstellung besteht die Streitmacht zur Hälfte aus Bauern. Darum kommen Mittelspiele in denen Bauern die Hauptrolle spielen des öfteren vor.
Untersuchen wir nun einige Mittelspieltypen, in denen die Bauern in der Hauptrolle auftreten.

Der Kampf gegen den isolierten Zentrumsbauern

Oft kann ein isolierter Bauer im Endspiel eine Niederlage zur Folge haben. Daraus ziehen viele die irrtümliche Folgerung, daß die Partei, die einen isolierten Bauern besitzt, schon im voraus im Nachteil sei. Das ist freilich nicht wahr!
Der isolierte Bauer verliert nicht in allen Endspielen. Der Grund der im Endspiel oft vorkommenden Schlappe liegt darin, daß der Gegner seine Gewinnchancen am einfachsten in der Abwicklung in ein günstigeres Endspiel ausnützen kann.
Im Mittelspiel kontrolliert aber der isolierte Mittelbauer wichtige Punkte auf dem strategisch wichtigsten Kampfplatz – dem Zentrum – wo die Leichtfiguren den isolierten Bauern als Stützpunkt benutzen und von dort ausgehend gefährliche Angriffe vortragen können.
Falls die Partei, die über den isolierten Mittelbauern verfügt, eine dem oben Genannten entsprechende Strategie verfolgt, kommt sie zu aussichtsreichem Gegenspiel, wie es durch die nun folgende Partie bewiesen wird.

Tatai – Kortschnoi
Beer-Sheva 1978
1.e4 e6 2.d4 d5 3.ed5: ed5: 4.Ld3 c5 5.Sf3 Sc6 6.De2† Le7 7.dc5: Sf6 8.h3? 0—0 9.0—0 Lc5: 10.c3 Te8 11.Dc2 Dd6 12.Sbd2?

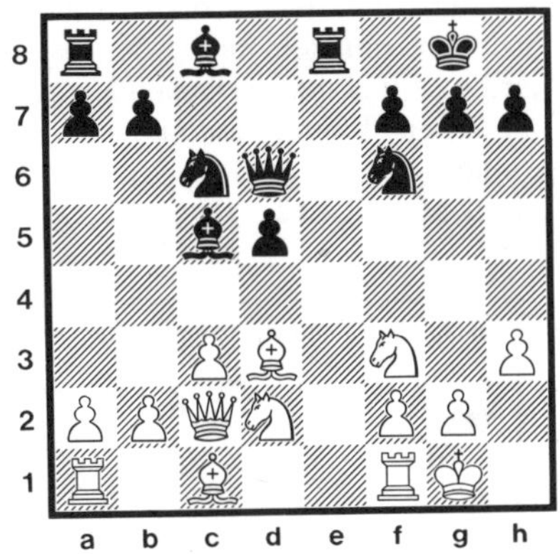

Stellung nach 12.Sbd2?

Ein Verlustzug, aber Weiß befand sich schon in einer schwierigen Lage. Z.B. könnte 12.Lg5 mit Se4 beantwortet werden.
Jetzt versetzt Kortschnoi dem Gegner den Todesstoß:
12....Dg3! 13.Lf5
Oder 13.Sb3 Lh3: 14.Se1 Sg4! und gewinnt.
13....Te2 14.Sd4 Sd4:!
Damit ist es aus! 15.cd4: Ld4: 16.Lc8: Tf2: 17.Tf2: Df2:† 18.Kh2 Le5† 19.Kh1 De1† führt zum Matt. Weiß gab auf: 0:1

Das nächstfolgende Beispiel illustriert die nachahmenswerte Strategie in derartigen Stellungen.

Kusmin – Uhlmann
Leningrad 1973
1e4 e6 2.d4 d5 3.Sd2 c5 4.Sgf3 Sc6 5.ed5: ed5: 6.Lb5 Ld6 7.dc5: Lc5: 8.0—0 Sge7 9.Sb3 Ld6 10.Lg5 0—0 11.Lh4!
Der Zweck des Zuges besteht darin, den Läufer später nach g3 zurückzuziehen, um den hinter dem isolierten Mittelbauern steckenden gefährlichen Läufer abtauschen zu können.
11....Lg4 12.Le2 Db6 13.Le7: Se7:?

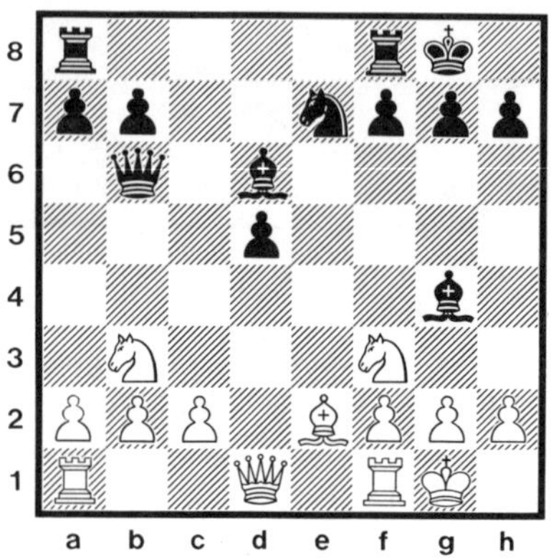

Stellung nach dem 13. Zug

Übersieht die feine positionelle Erwiderung. Richtig war das Bauernopfer, denn nach 13....Le7:! 14.Dd5: a5! hätte Schwarz dank dem Läuferpaar zu Gegenchancen kommen können.
14.Dd4!
Die Seite, die einen isolierten Mittelbauern besitzt, muß dem Tausch der Damen möglicherweise ausweichen, denn die Dame organisiert das Figurenspiel, das die auf den Flügeln durch den Bauern verursachten Sorgen aufwiegt. Der Textzug ist also eine gute Idee!
14...Dd4: 15.Sfd4: Ld7
Auf das Läuferpaar darf Schwarz nicht verzichten!
16. Tad1 Tfd8 17.Tfel Kf8 18.c3 a5 19.a3 a4
Auf die Fesselung 19....La4 hätte 20.Lb5! einen günstigen Tausch erzwungen.
20.Sa1!
Mit der Absicht Sc2-Se3
20....Sc8 21.Sac2 Sb6 22.Se3 Lf4 23.Sdc2 Le6 24.Td4! Le3:
Der Tausch darf nicht lange verschoben werden, denn z.B. 24....Ld6 hätte 25.Ted1 Lc5 26.T4d2 Ke7 27.Lf3 zur Folge.
25.Se3: Sc4

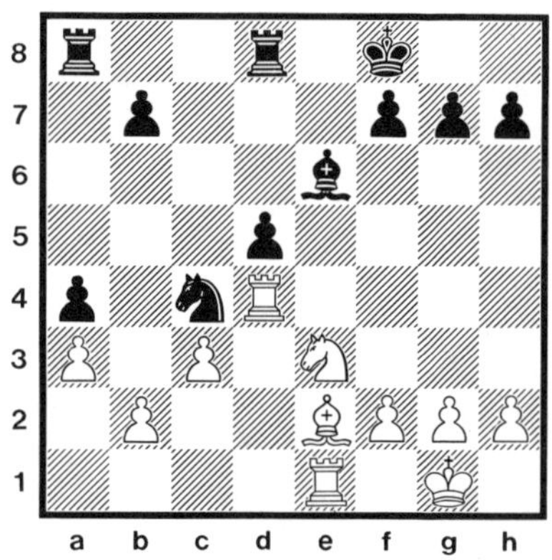

Stellung nach dem 25. Zug

26.Ted1!
Geht auf die Abwicklung ins Endspiel aus. Durch eine „Kleinkombination“ wird der weiße Positionsvorteil gesteigert, wie es in Stellungen üblich ist, in denen der Gegner einen isolierten Zentrumsbauern hat. Die passive Verteidigung mit 26.... Ke7 27.Lc4: dc4: 28.Td8: Td8: 29.Td8: Kd8: 30.f4! ergäbe ein sehr nachteiliges Spiel für Schwarz. Der Bauernraub aber verliert, denn nach 26....Sb2: 27.T1d2 geht der Springer infolge der Fesselung verloren.
26....Tdc8 27.Sd5: Sb2: 28.Tb1 Ld5: 29.Td5: Sc4 30.Tb7: Sa5
Auf 30....Sa3: wäre 31.Tdd7 mit dem Eindringen auf die 7. Reihe verhängnisvoll.
31.Tbb5 Sc4 32.Td7 g6 33.f4!
Unterbindet auf 34.Tb7 die Antwort 34.... Se5
33....Ta6 34.Tb4 Tac6 35.Ld3 Kg7 36.Td4 Sa3: 37.c4! Ta6! 38.Kf2 Ta5 39.Ke3 Tc7 40.Kd2 h5 41.Te4 Td7 42.Te1 Tc5 43.Tc1 Td4 44.Ke3
Der Springer ist gefangen, und gegen Tc3 gibt es keine Parade mehr. Schwarz gab auf: 1:0

Flesch – Kavalek
Szombathely 1965
1.Sf3 c5 2.c4 e6 3.Sc3 Sf6 4.g3 Sc6 5.Lg2 d5 6.cd5: ed5: 7.d4 Le7 8.0—0 0—0 9.dc5: Lc5: 10.Sa4
Weiß darf dem Nachziehenden nicht erlauben, nach a7-a6 dem Läufer einen Schlupfwinkel zu schaffen.
10....Le7 11.Le3 Te8 12.Tc1 Lg4 13.h3!

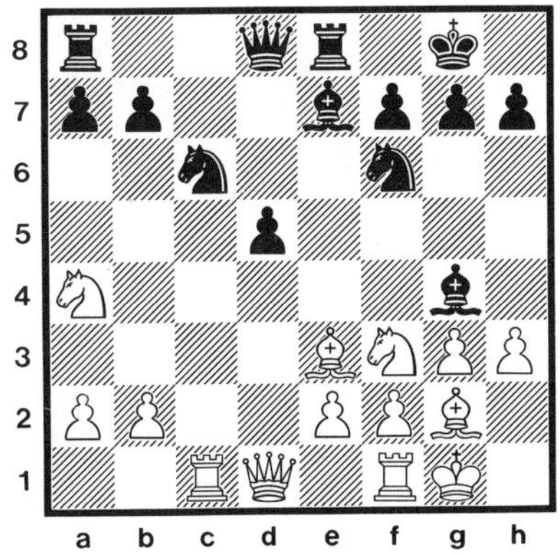

Stellung nach 13.h3!

Zwingt den Läufer, Farbe zu bekennen, ehe Dd7 diesen Zug unterbindet. Den weiteren Aufmarsch macht Weiß von der Erwiderung des Nachziehenden abhängig.
Ein Schablonenzug hätte jetzt das Ziel verfehlt, z.b. 13.Sc5 Lc5: 14.Lc5: Se4 15.Le3 Dd7 mit gleichem Spiel, denn Schwarz hat im Zentrum Fuß gefaßt.
13....Lf5 14.Sd4!
In der Mitte hat Weiß die Lage zu klären, bevor er an den unmittelbaren Angriff auf den Bauern d5 denkt. Die frühzeitigen Aktionen für die Eroberung des Bauern würden am aktiven Figurenspiel von Schwarz scheitern.
14....Sd4: 15.Ld4: Se4 16.Sc3!
Der Tausch ist im allgemeinen für Weiß günstig, weil er angesichts des

isolierten Bauern d5 im Endspiel die besseren Aussichten hat.

16....h5

Im Interesse des Ausgleichs muß sich Schwarz im Mittelspiel aktiv verteidigen. Jetzt hätte z.B. 16.... Dd7 wegen 17.g4! Lg6 18.Lg7:! einen Bauern eingebüßt.

17.e3 Lg6

Auf 17....g6? gewinnt 18.g4 hg4: 19.hg4: Sc3: 20.Lc3: Le6 21.Dd4

18.Da4

Nicht nur der König, sondern auch die Dame bedürfte einer guten Postierung. Schwarz kann für seine Dame keinen günstigen Platz finden, und das zeigt, daß er schon im Nachteil ist.

18....Ld6 19.Db5! h4 20.g4 Tc8

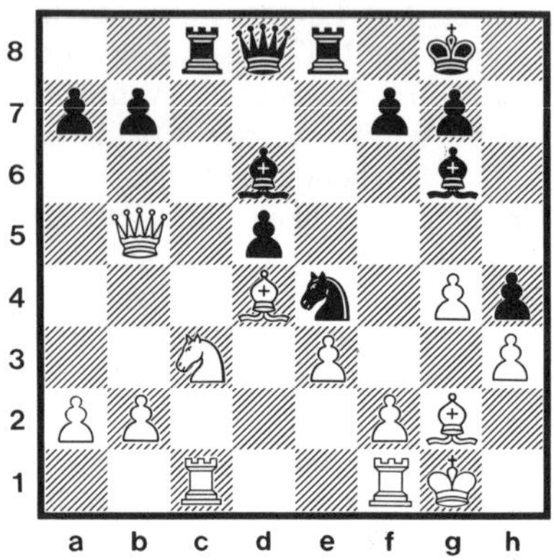

Stellung nach dem 20. Zug

21.Tfd1

Für die schwarzen Bauern gibt es auch sonst keine Rettung mehr. Weiß tut recht daran, sie erst bei gut entwickelter Stellung zu erobern.

21....Sc5 22.Sd5: Se6 23.La7: Dg5 24.Tc8: Tc8: 25.Sc3! De7 26.Db7: Tc7 27.Da8† Sf8 28.Sd5 De5 29.f4 Db2: 30.Sc7: Lc7: 31.Lc5

Schwarz gab auf: 1:0

Schwacher Punkt in der Bauernkette

Die folgende Partie illustriert, daß die schwachen Punkte in einer Bauernkette ausgezeichnete Marken für den Angriff bilden können.

Flesch – Csom
Budapest 1971

1.Sf3 Sf6 2.g3 b6 3.Lg2 Lb7 4.0—0 c5 5.d3 g6 6.e4 Lg7 7.Sh4! (Droht 8.e5 mit Gewinn.) **7....Sc6 8.f4 d6 9.Sd2 Dc7 10.a4 e6**

Der Zweck dieses Zuges besteht darin, nach 11.f5? die e-Linie zu öffnen und durch den Einbruch in die offene Mittellinie die weiße Initiative am Flügel zu neutralisieren. Die Schwäche des Punktes d6 wird sich aber später rächen.

11.Sc4 Sd7 12.c3 0—0 13.f5! ef5: 14.ef5: Sce5

Sonst folgt 15.Lf4
(Siehe Diagramm Seite 31)

Die mit dem folgenden Zug von Weiß eingeleitete Kombination nützt die Passivität des schwarzen Bauerngefüges aus.

15.Sd6:! Lg2: 16.Sb5 Dc6 17.Sg2: a6 18.d4!

Weiß wandelt das materielle Übergewicht in Positionsvorteil um. Der entstehende Endspielvorteil ist mehr wert, als ein Mehrbauer bei passiver Stellung.

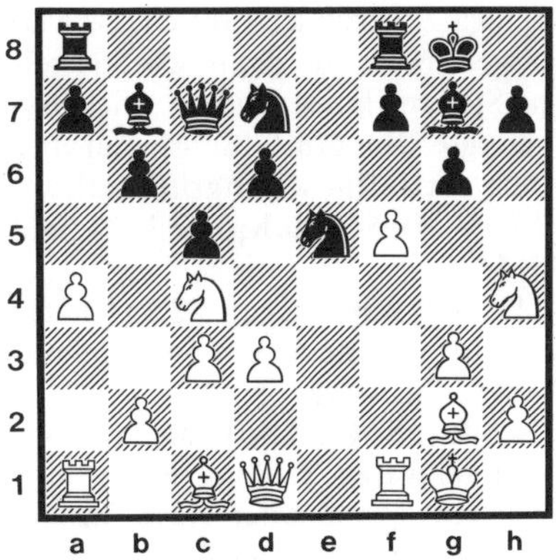

Stellung nach dem 14. Zug

18....ab5: 19.ab5: Db5: 20.Ta8: Ta8: 21.de5: Se5: 22.Dd5! Ta1
Csom, der seinen Gegner gerne bedrängt, fühlt sich gar nicht wohl, wenn er selbst im Endspiel bedrängt wird. Jetzt hätte sich Schwarz nach 22....Dc6 23.Sf4 mit einem nachteiligen Endspiel abgeben müssen.

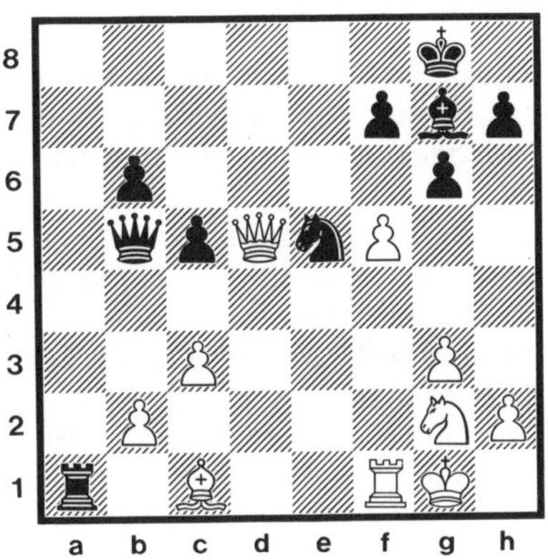

Stellung nach dem 22. Zug

23.Sf4 Dc4 24.Dd8† Lf8 25.Sd5!
Aber nicht 25.Se6? fe6: 26.fg6: Df1:† 27.Kf1: Tc1:† und Schwarz gewinnt.
25....Sf3† 26.Kf2 Tc1:
Erzwungen, denn sonst z.B. 26.... Sh2: 27.Se7† Kg7 28.f6† Kf6: 29.Sg6:† Kg6: 30.Dg5‡
27.Tc1: Sh2: 28.f6 Sg4† 29.Kg1 h5 30.Se7† Kh7 31.Df8: Sf6: 32.Tf1 Dd3 33.Df7:† Kh6 34.Sf5† Kg5 35.De7 (35....gf5: 36.Dg7‡)
Schwarz gab auf: 1:0

Eingeengte Bauernstruktur

Flesch – Sax
Budapest 1971
1.d4 g6 2.Sf3 Lg7 3.g3 Sf6 4.c4 0—0 5.Lg2 d6 6.Sc3 Sc6 7.0—0 Lf5 8.d5 Sa5 9.Sd2 c5 10.e4 Ld7 11.Dc2 a6 12.b3 Dc8

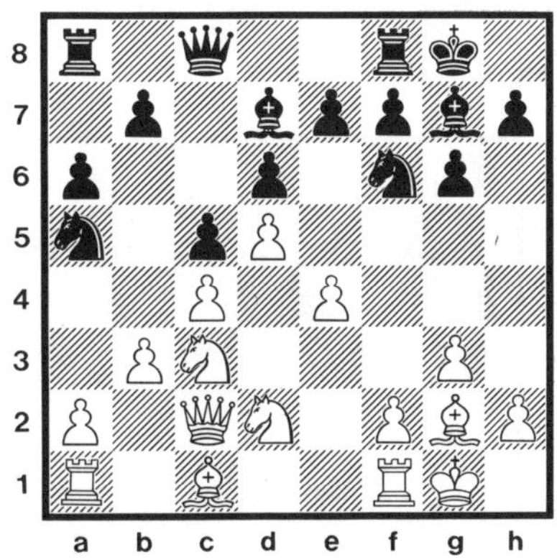

Stellung nach dem 12. Zug

Die Erforschung des Mittelspiels ist noch nicht genug fortgeschritten, zumindest im Vergleich zur Eröffnungstheorie. So sind auch bei den hervorragenden Klassikern irrtümliche Ideen zu finden. Auch die größten Spieler können in den Irrglauben verfallen, daß der Abtausch des fianchettierten Läufers immer zu aktivem Gegenspiel führen muß. Daß das nicht der Fall ist, wird in der Musterpartie illustriert.

13.Lb2 Lh3 14.Tae1

Eine gesunde Reaktion: Eine gezwungene Aktion am Flügel soll mit einer Aktion im Zentrum beantwortet werden.

14....Sh5 15.Sd1!

Weiß tauscht gerne, weil er Raumvorteil besitzt, der Springer a5 außer Spiel ist und die schwarze Bauernkette im Zentrum „eingeengt", rückständig ist.

15....Lb2: 16.Db2: Lg2: 17.Kg2: e5

Sonst spielt Weiß e4-e5.

18.de6: fe6:

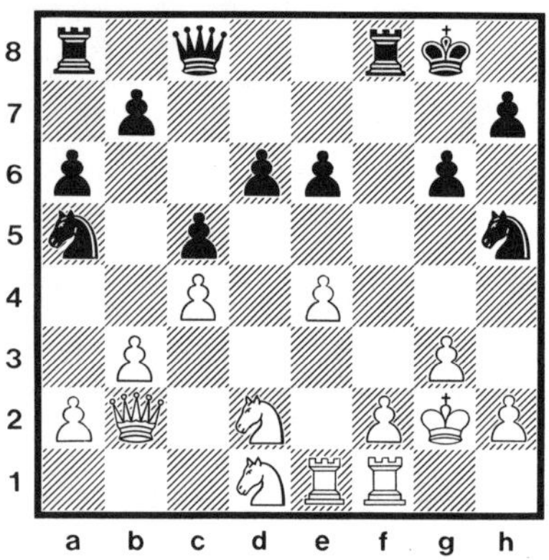

Stellung nach dem 18. Zug

Schwarz würde jetzt durch das Manöver e6-e5 und dann Sc6-Sd4 seine Stellung konsolidieren. Die „eingeengte" Bauernstellung bietet aber eine vortreffliche Angriffsmarke.

19.e5! Dc6† 20.Kg1 d5 21.Se3! dc4:

21....d4? wäre wegen 22.Sg4 nebst darauffolgendem Se4 verhängnisvoll für Schwarz.

22.Sdc4: Sc4: 23.Sc4: b5 24.Sd6

Die schwarze Stellung ist löcherig wie ein Emmentaler Käse. In solchen Fällen soll man die taktischen Pläne auf Springerstützpunkten aufbauen, und zwar jederzeit in vollkommener Harmonie mit der Strategie.

24....Tf3 25.De2! Taf8 26.De4!

Die große Diagonale mußte neutralisiert werden. Tausch bedeutet Wasser auf die Mühle des Anziehenden, Schwarz hat für drei, Weiß aber nur für zwei „Bauerninseln" Sorge zu tragen. Obendrein besteht ein Qualitätsunterschied zwischen dem weißen und dem schwarzen Springer, gerade infolge der bereits oben erwähnten Verschiedenheit der Bauernstruktur.

26....De4: 27.Se4: c4

Schwarz versucht seine Sorgen durch Tausch loszuwerden.

28.bc4: bc4: 29.Tc1 Ta3 30.Tc4: Ta2: 31.Td1!

Ein feiner „stiller" Zug. Der Einbruch der Schwerfiguren ist bei der „luftigen" Königsstellung sehr peinlich für Schwarz.

31....Ta5!

Auf das schablonenhafte 32.f4 plant Schwarz 32....Td5

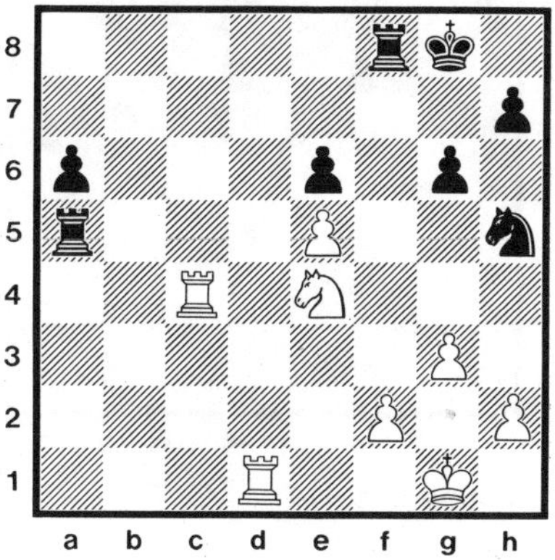

Stellung nach 31....Ta5!

Und jetzt wird Weiß den Unterschied der Springer noch steigern.
32.g4! Sg7 33.Sf6† Kh8 34.f4 g5 35.fg5:! Te5: 36.h4 h6
Der junge Sax bot sofort remis an, aber nach der Erwiderung bat er für sein Remisangebot um Verzeihung.
37.Kg2!
Auf 37....hg5: folgt 38.hg5: Tg5: 39.Th1† und die Nemesis ereilt den schwarzen König.
37....Tb8 38.Tc7 Te2† 39.Kf3 Teb2 40.gh6:
Schwarz gab auf: 1:0
Auf 40....T8b3† 41.Kf4 Tf2† 42.Kg5 Tb5† 43.Kg6 Tf6:† 44.Kf6 Se8† 45.Kg6 Sc7 46.Td8 käme matt.

Der isolierte Doppelbauer

Der isolierte Doppelbauer bildet in vielen Fällen eine drückende Last. Im Falle des Doppelbauern können die betreffenden Bauern einander nicht decken und darum leicht angegriffen werden. So bedürfen sie der Unterstützung der Figuren eher, als die nebeneinander stehenden Bauern.
In unserem ersten Beispiel untersuchen wir ein Mittelspiel, in dem der Doppelbauer eine strategische Angriffsmarke wird und später auch fällt.

Rukawina – Karpow
Leningrad 1973
1.c4 Sf6 2.Sc3 e6 3.Sf3 c5 4.d4 cd4: 5.Sd4: Lb4 6.Sc2 Lc3:† 7.bc3: Da5! 8.Sb4 0—0 9.e3 b6 10.Le2 Lb7 11.0—0 Tc8!

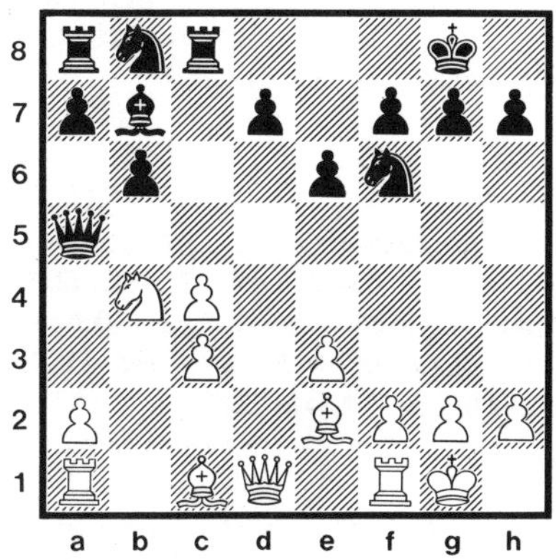

Stellung nach dem 11. Zug

Der Doppelbauer bereitet besonders große Sorgen, falls er sich auf einer offenen Linie befindet. In unserem Beispiel gereicht auch der Umstand dem Nachziehenden zum

Vorteil, daß er seinen Springer auch über a6-c5 entwickeln kann.

12.f3 Sc6 13.Db3

Auf 13.a3 kann 13....Se5 14.Db3 Dc5 15.Sd3 Sd3: 16.Ld3: La6 folgen.

13....De5!

Damit ist das Mittelspielgeplänkel zugunsten von Schwarz entschieden. Angesichts des drohenden Sa5 kann Weiß nur entweder den Abtausch oder den langsamen, jedoch sicheren Zusammenbruch wählen. Die Abwicklung:

14.Sc6: Tc6: 15.Ld2 Dc7 16.Da4 a5 17.Tfb1 La6 18.Tb2 Lc4: 19.Lc4: Tc4: 20.Db5 Tc6 21.e4 d6 und Schwarz gewann später.

Es gibt aber – wenn auch seltener – auch solche Mittelspieltypen, wo der Doppelbauer nützlich ist. Solch ein Beispiel ist das folgende:

Spassky _ Uhlmann
Manila 1976

1.e4 e6 2.d4 d5 3.Sc3 Lb4 4.e5 Se7 5.Dg4 c5 6.Sf3 cd4: 7.Sd4: Dc7 8.Lb5† Sbc6 9.0—0 Lc3: 10.bc3: Ld7 11.Lc6: bc6: 12.La3! De5: 13.Tfe1 h5 14.Df3 Dc7
(Diagramm rechte Spalte oben)

Diese Stellung gehört zu jenen, wo der Doppelbauer nützlich ist. Die Aufgabe von Weiß besteht darin, im Vordergrund des exponierten schwarzen Königs die starke Bauernkette zu sprengen. Dazu ist der Doppelbauer besonders geeignet, denn er kann auf demselben Punkt sogar zweimal eingesetzt werden.

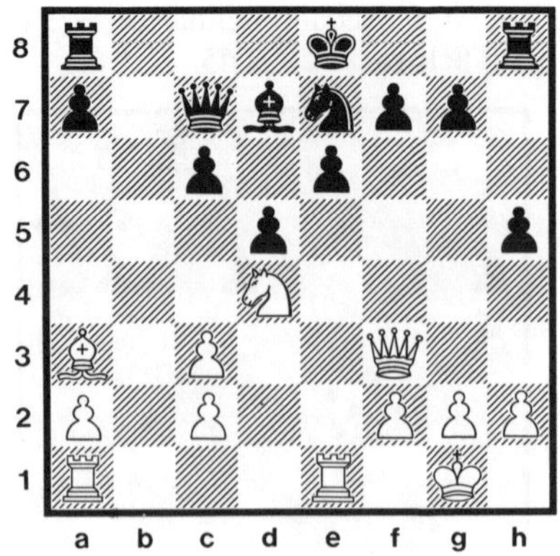

Stellung nach 14. . . .Dc7

15.c4! Tb8 16.cd5: cd5: 17.Le7: Ke7: 18.Sf5†

Falls 18....Kf8?, so gewinnt 19.Da3† Kg8 20.Se7† Kh7 21.Df3

18....Kd8 19.Sg7: Ke7 20.Sh5: Th6 21.Sf4 Lc6 22.Dg3 Kd7 23.c4! dc4:

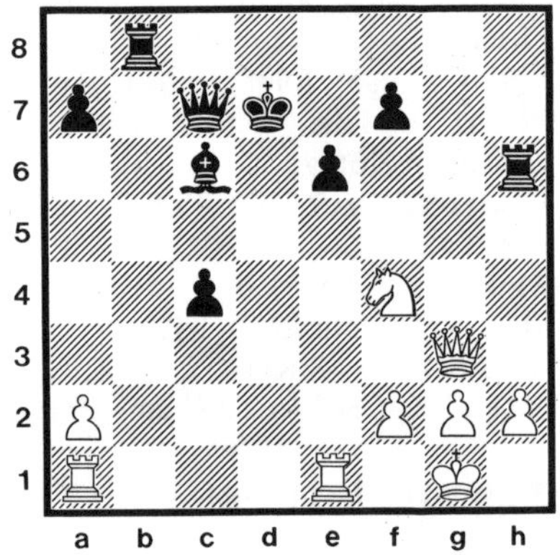

Stellung nach dem 23. Zug

Der Doppelbauer hat mit zweifacher Sprengung die starke zentrale Bauernkette des Gegners zerschlagen.
Jetzt hat Weiß die Möglichkeit einer forcierten Gewinnfortsetzung zur Verfügung, und zwar 24.Tad1†!
Siehe da, drei wichtigere Varianten:
a) 24.Tad1† Kc8 25.Dg7 Df4: 26.Df8† Kb7 27.Tb1† Ka8 28.Tb8:† Db8: 29.Dh6: ±
b) 26....Kc7 27.De7† Kb6 28.Tb1† Lb5 29.g3 ±
c) 24.Tad1† Ld5 25.Dg5! Tbh8 26.Td5:† ed5: 27.Te7† ±
Das Mittelspiel ist also beendet. Durch den weniger energischen Zug 24.Ted1† gewann Weiß schließlich, wenn auch langsamer (1:0).

Der Minoritätsangriff

Bei der Untersuchung der Bauernstrukturen haben wir einen weniger bekannten, doch einfachen Maßstab zur Verfügung: Im allgemeinen ist jene Bauernstruktur günstiger, die weniger „Inseln" bildet als die gegnerische. Ist die Lage auch aus diesem Gesichtspunkt gleich, dann muß man versuchen, von der Bauernstruktur des Gegners eine oder mehrere „Bauerninseln" abzutrennen. Das erfolgt dadurch, daß wir durch den Vormarsch unseres eigenen Bauern für uns günstige Möglichkeiten zum Bauerntausch provozieren.
In unserem folgenden Beispiel können wir sehen, wie Weiß diesen strategischen Zweck im Mittelspiel erreicht.

Kortschnoi – Vranesic
Siegen 1970
1.c4 Sf6 2.Sc3 e6 3.Sf3 d5 4.d4 Le7 5.Lg5 0—0 6.e3 h6 7.Lf6: Lf6: 8.Dd2 b6 9.Td1 Lb7 10.cd5: ed5: 11.g3 Te8 12.Lg2 Sd7 13.0—0 Sf8

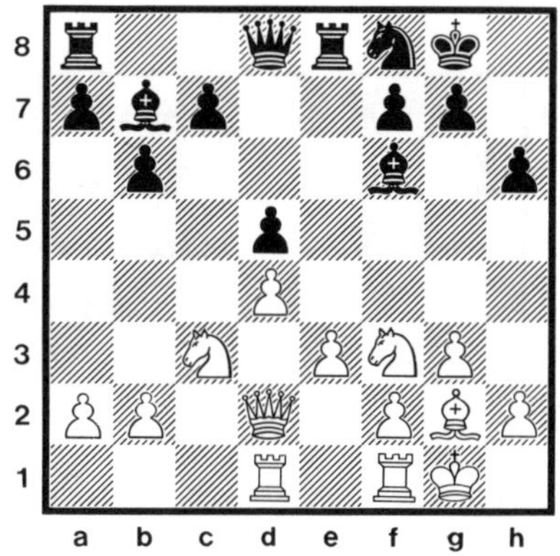

Stellung nach dem 13. Zug

14.b4!
Der sogenannte „Minoritätsangriff" (Minderheitsangriff)! Weiß greift dort an, wo er sich in Minderheit befindet, was die Anzahl der Bauern betrifft. Sein Plan besteht darin, am Damenflügel Bauerntausch zu erzwingen.
14....Tc8
14....a6 15.a4 Tc8 wäre für Schwarz noch ungünstiger als die Partiefortsetzung, denn er stände nach 16.b5 ab5: 17.ab5: am Scheideweg: zieht er c6, so werden seine Sorgen nach

bc6: auch wegen der auf der offenen b-Linie befindlichen Bauerninsel b6 zunehmen, verzichtet er dagegen auf 17. . . .c6, so wäre ihm das Manöver Sc3-Sa2-Sb4, verbunden mit dem Druck auf der c-Linie, äußerst unbequem.

15.b5 c5

Sonst folgt 16.a3 nebst Sa2-Sb4

16.bc6: Lc6: 17.Db2 g5

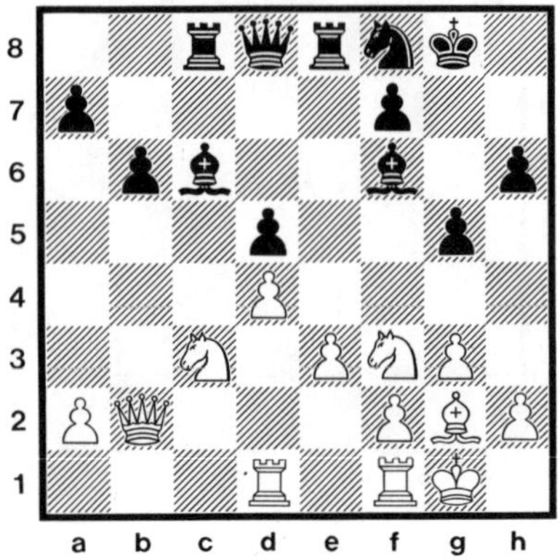

Stellung nach dem 17. Zug

18.Db3

Besser wäre, das strategische Ziel auf taktische Weise zu verfolgen, nämlich 18.Se5! Lb7 19.Sd3 mit den Drohungen Sb4 und Db3. Auf 18.Se5! führte 18....Le5:? freilich zu einem raschen Zusammenbruch: 19.de5: Te5: 20.Sd5: Te6 21.Lh3 Ld5: 22.Le6: fe6: 23.e4

Die Lehre daraus: Im strategischen Kampf müssen beide Partner auch die taktischen Elemente beachten!

Kortschnoi dürfte gesehen haben, daß er mit dem Streben nach dem strategischen Ziel einen entscheidenden Vorteil erlangen kann, und darum bemerkte er die taktische Nebengasse nicht.

Prüfen wir jetzt die strategische Lage:

Schwarz verfügt über drei Bauerninseln. In derartigen Fällen muß man die Streitkräfte gegen je eine Insel konzentrieren. Die schwächste Insel ist natürlich die Insel d5, denn sie besteht aus einem alleinstehenden Bauern, der außerdem auch unbeweglich ist. Die angreifenden Kräfte setzen sich also diese Insel zum Ziel.

18....Sg6

Einerseits gegen 19.Se5, andererseits zwecks Unterstützung des Bauern d5.

19.Se1! Se7 20.Sd3 Dd7 21.Sb4 Ted8 22.Tc1

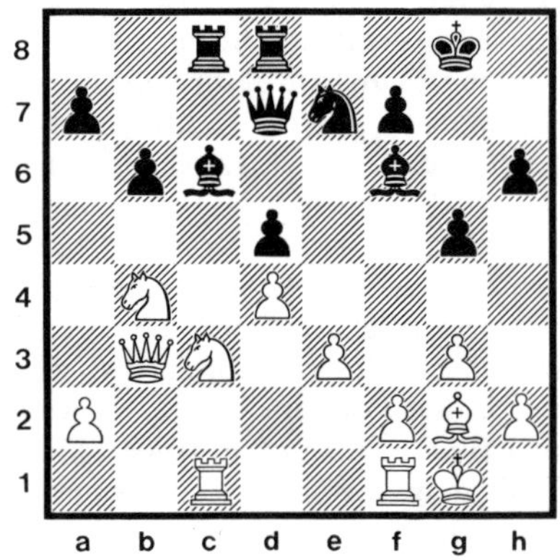

Stellung nach 22.Tc1

Es droht 23.Ld5:! Ld5: 24.Scd5: Sd5: 25.Sd5: Tc1: 26.Sf6:†! usw. mit Eroberung des schwachen Bauern. Diese taktische Drohung vermag der Nachziehende noch zu parieren, aber Weiß erhöht seinen Druck auf die c-Linie.

22....Kg7 23.Sc6: Tc6: 24.Se2

Der zuverlässigste Beweis des günstigeren Bauerngefüges besteht darin, daß der Vorteil durch Tausch entscheidend gesteigert werden kann. Jetzt würde Weiß seine beiden Türme gerne abtauschen, denn der Punkt d5 kann von drei weißen Figuren angegriffen und nur von zwei schwarzen Figuren gedeckt werden. Weicht Schwarz dem Tausch aus (z.B. 26....Td6), so entscheidet die Verdoppelung auf der c-Linie.

24...Tc1: 25.Tc1: h5 26.h3 Kh6 27.Tc3 Dd6 28.Dc2! Td7

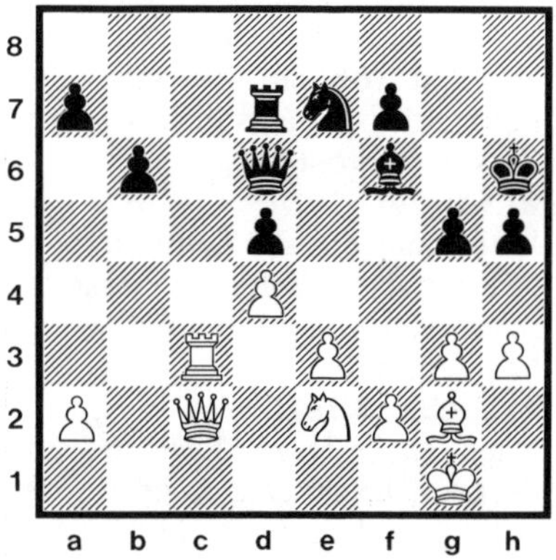

Stellung nach dem 28. Zug

Die Verteidigung der geschwächten Bauerninsel bindet die schwarzen Kräfte. Jetzt soll der Anziehende an den Flügeln etwas unternehmen.

29.g4! h4

Oder 29....hg4: 30.hg4 De6 31.Lf3 Sg6 32.Tc6! Td6 33.Td6: Dd6: 34.Db3 und gewinnt.

30.Sc1 Lg7 31.Sd3 De6

Nach 31....a5 32.a4 wäre der rückständige Bauer b6 schwach, und käme der weiße Springer zu einem ausgezeichneten Stützpunkt auf b5.

32.Sb4 Dg6 33.Sa6!

Droht Tc7 nebst dem Tausch der Schwerfiguren, wonach der Punkt d5 nicht mehr zu verteidigen ist. Dem Tausch kann der Nachziehende zwar ausweichen, aber dann dringt der weiße Turm ein, und das entscheidet den Ausgang der Partie.

33...Td6 34.Dg6:† Kg6: 35.Tc7 Kf6 36.Ta7: Tc6 37.Tc7 Tc4 38.Ld5:! Ta4 39.Lc4 b5 40.Lb5: Ta2: 41.Lc4

Schwarz gab auf: 1:0

In unserem nächsten Beispiel ließ der Verteidiger – bei einem ähnlichen Aufbau – den Vormarsch des b-Bauern nicht zu, sondern blokkierte ihn.

Karpow – Spassky
Leningrad 1974

1.d4 Sf6 2.c4 e6 3.Sf3 d5 4.Sc3 Le7 5.Lg5 h6 6.Lh4 0—0 7.e3 b6 8.Le2 Lb7 9.Lf6: Lf6: 10.cd5: ed5: 11.0—0 Dd6 12.Tc1 a6 13.a3 Sd7 14.b4 b5

(Siehe Diagramm Seite 38)

Dadurch wurde der vorrückende weiße b-Bauer blockiert. Aber um welchen Preis? Auf der halboffenen

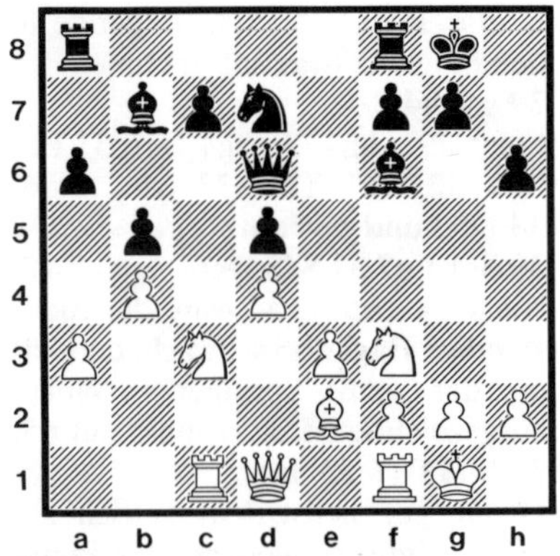

Stellung nach dem 14. Zug

c-Linie ist ein rückständiger Bauer entstanden. So können drei weiße Bauern die gegenüberstehenden vier schwarzen Bauern leicht aufhalten.

Der auffallendste Nachteil liegt darin, daß die schwarzen Bauern am Damenflügel und im Zentrum auf weißen Feldern fixiert wurden. Der Läufer auf b7 ist von seinen eigenen Bauern eingekerkert.

Freilich hat der Nachziehende diese Nachteile nicht ohne Gegenwert auf sich genommen. Er ist bestrebt, einen Springer nach c4 zu überführen und auf diese Weise die Schwäche des Bauern c6 zu neutralisieren.

Und jetzt schauen wir an, welche Seite recht haben wird.

15.Se1 c6 16.Sd3 Sb6 17.a4!

Zuerst muß die Lage am Damenflügel geklärt werden. Erst nach der endgültigen Ausgestaltung der hiesigen Bauernstruktur kann Weiß sich die nächstfolgende Aufgabe stellen.

17....Ld8 18.Sc5 Lc8 19.a5 Lc7 20.g3 Sc4

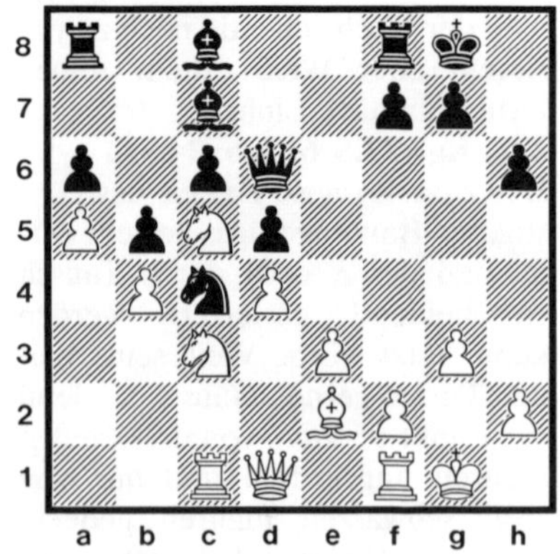

Stellung nach dem 20. Zug

Der Springer steht auf c4 gut, aber er kann keine Wirkung ausüben. Daraus können wir die folgende Lehre ziehen: Minderwertig ist jene Figurenbasis, die keinen Nachschub hat und von der die schwachen Punkte des Gegners nicht angegriffen werden können.

21.e4!

Weiß kann jetzt das Zentrum sprengen und das ist mit dem Fiasko der schwarzen „Bauernpolitik“ gleichbedeutend.

21....Lh3 22.Te1!

Nach 22.e5 De7 23.Te1 f6! entdeckte Schwarz eine Angriffsmarke und käme dadurch zum Gegenspiel auf der f-Linie.

22. . . .de4: 23.S3e4: Dg6 24.Lh5!

Nicht das Material ist das wichtigste im Schachspiel! 24.Lc4: hätte „nur“

einen Bauern gewonnen, aber der Textzug zerstört die restliche Harmonie des schwarzen Heeres.

24....Dh7

Es gibt nichts Besseres. Falls 24....Df5?, so 25.Tc3 und droht g4!

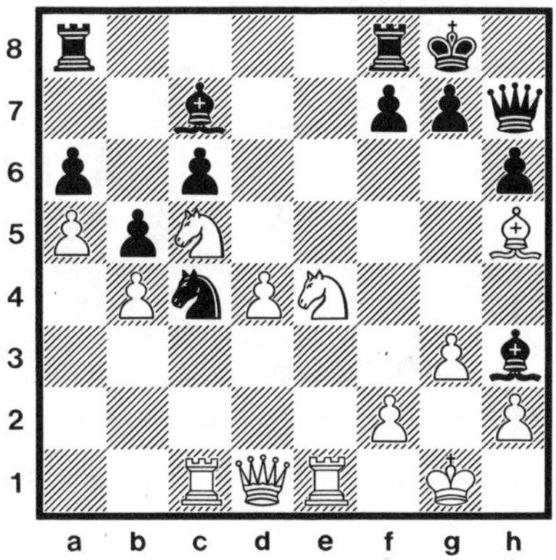

Stellung nach 24....Dh7

Jetzt stoßen die Mittelspielideen auf taktischem Gebiet aufeinander. Das heißt, daß Karpow bestrebt ist, seinen Positionsvorteil durch Kombinationen entscheidend zu steigern.

25.Df3

Ein vielseitiger Zug. Droht g4 oder einfach – nach Sc3 – den Bauern c6 zu erobern. Die einfachste Erwiderung wäre 25....Df5, aber darauf könnte Weiß mit 26.De2 seinen Positionsvorteil behaupten. Kraft seines taktischen Temperaments wählt Spassky anstatt der passiven Verteidigung die Verwicklungen.

25....f5 26.Sc3 g6

Gewinnt eine Figur, verliert aber die Partie wegen der disharmonischen Postierung der schwarzen Figuren und der offenen e-Linie.

27.Dc6: gh5: 28.Sd5!

Schwarz hat keine Verteidigungsmöglichkeit mehr!

28....f4 29.Te7 Df5

Oder 29....fg3: 30.Sf6†! Tf6: 31.Da8:† Tf8 32.Df8:†! Kf8: 33.Th7: usw.

30.Tc7: (Gut ist auch 30.Dh6:) **Tae8 31.Dh6: Tf7 32.Tf7: Kf7: 33.Df4: Te2 34.Dc7† Kf8 35.Sf4**

Schwarz gab auf: 1:0

Wie auch diese Partie gezeigt hat, kann der Minoritätsangriff im allgemeinen durch eine Blockade nicht günstig abgewehrt werden, denn die Blockade verurteilt die Mehrheit ebenso zur Untätigkeit wie die Minderheit. Daraus kann man die Folgerung ziehen, daß der Angreifer – im Falle der erwähnten Blockade – auf anderen Gebieten, wie dem Zentrum und den Königsflügeln, eigentlich einen Mehrbauern besitzt.

Die Sprengung des Bauernzentrums

Uhlmann – Mariotti

Manila 1976

1.c4 c5 2.Sf3 Sc6 3.Sc3 Sf6 4.g3 d5 5.cd5: Sd5: 6.Lg2 Sc7 7.Da4 Dd7 8.0—0 e5 9.a3 f6 10.e3 Le7 11.Td1 Tb8

(Siehe Diagramm Seite 40)

Das schwarze Zentrum ist scheinbar sehr stark. Hinter der sich auf eine breite Front erstreckenden Bauernkette stehen ernste Streitkräfte des Nachziehenden.

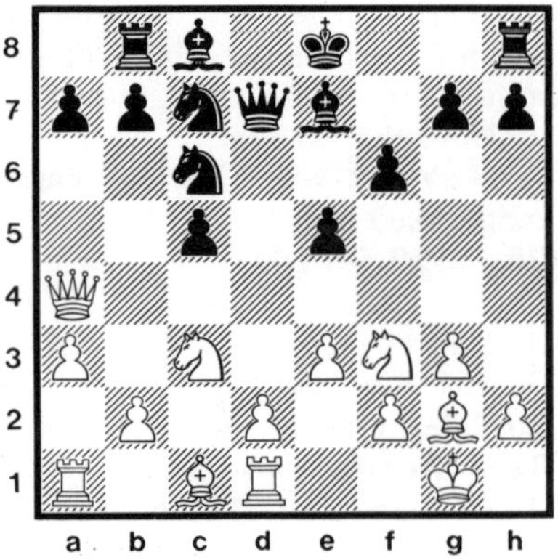

Stellung nach dem 11. Zug

Der schwarzen Stellung mangelt es trotzdem an Harmonie der Figuren. Die Bewegungsfreiheit des Läufers e7 ist durch seine eigenen Bauern, die des Läufers c8 aber durch die schwarze Dame eingeschränkt. Der Springer c7 deckt mit seinem eigenen Körper den Turm b8 im Kreuzfeuer der Diagonale f4-b8, auf der c-Linie, die leicht geöffnet werden kann.
Eines der größten Übel besteht darin, daß die Dame keinen entsprechenden Stützpunkt besitzt und im Falle der Öffnung der d-Linie in eine sehr unangenehme Lage geraten kann.
Die Zeit zur Sprengung ist also gekommen.
12.d4!! ed4: 13.ed4: b5 14.Dc2 cd4: 15.Lf4!
Die Läufer des Anziehenden kontrollieren das ganze Schlachtfeld. Jetzt verbietet sich 15....0—0? wegen 16.Lc7:! Dc7: 17.Sd5 Dd6 18.Dc6: Dc6: 19.Se7†
15....b4 16.Lc7: Dc7: 17.Sd5 Dd6 18.Sd4: Sd4: 19.Td4: 0—0 20.Tad1 Ld8 21.Dc4!!

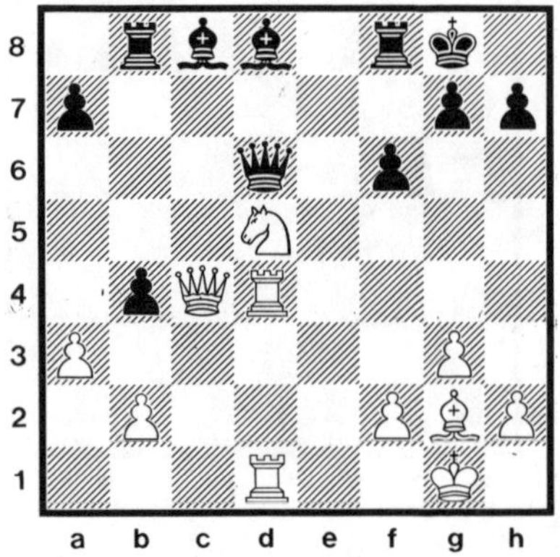

Stellung nach 21.Dc4!!

Der Einsatz der Dame führt die Entscheidung herbei. Die auf der Grundreihe ohne Verbindung „herumlungernden“ schwarzen Figuren und die auf ihrem unglücklichen Posten steckengebliebene Dame können nicht mehr helfen, z.B.:
a) 21....De6 22.Te4 Df7 23.Te7! Le7: 24.Se7:† Kh8 25.Df7: Tf7: 26.Td8 ‡
b) 21....Le6 22.Sb4: De7 23.Ld5! usw.
21....Kh8 22.Sf4!!
Es droht Sg6 nebst Th4 ‡.
Schwarz gab auf: 1:0

II. Die Zeit im Mittelspiel

In einem nicht unbeträchtlich großen Teil der Mittelspiele können wir keiner bestimmten Figur die Hauptrolle zuteilen, auch nicht einer Figurengruppe oder den Bauern.
In solchen Fällen behütet jede Partei ihren eigenen König, während sie danach trachtet, den feindlichen König in die Ecke zu treiben, beziehungsweise mattzusetzen. Dieses gegenseitige Streben bestimmt im allgemeinen die Umrisse der Strategie solcher Partien je nach der Stelle des Hauptquartiers des Königs, d.h. der Rochade.
Die Kriegspläne der gegenüberstehenden Partner setzen sich aus mehreren kleinen Kriegsoperationen zusammen.
Im Schach bedeutet das Tempo eigentlich die *Zeit* oder mit anderen Worten: die Zeit ist im Tempo verkörpert.
Im Mittelspielkampf, der auf der Stellung der Könige beruht, besteht die richtige Strategie darin, mit der Zeit, d.h. mit den Tempi umsichtig und sparsam umzugehen, sie gut auszunutzen.
Hier in diesem Kapitel gruppieren wir die verschiedenen Mittelspieltypen je nach der Plazierung der Könige.

Der König bleibt freiwillig in der Mitte

Im Falle eines verhältnismäßig festen oder abgeschlossenen Zentrums kommt es des öfteren vor, daß äußerst heftige Aktionen an den Flügeln bereits in der Eröffnung anfangen. Der Aufmarsch der angreifenden Streitkräfte würde dadurch gestört, wenn der König auf dieselbe Seite rochierte. Die Rochade wäre wegen der geöffneten Linien eventuell unmöglich oder zu gefährlich. Unter solchen Verhältnissen ist es begründet, wenn die angreifende Partei nicht rochiert. Das so gewonnene Tempo läßt sich auch zur Beschleunigung des Angriffs benutzen. Auf dem Flügel vermag die sich verteidigende Partei auf den hinter dem geschlossenen Zentrum befindlichen gegnerischen König kaum einen wirksamen Gegenangriff zu organisieren.

Kurze Rochade des Gegners

Betrachten wir zuerst solch ein Beispiel, wo der König absichtlich in der Mitte geblieben ist und der Gegner nach der kurzen Seite rochiert hat.

Donner – Kavalek
Skopje 1972
1.d4 Sf6 2.c4 g6 3.Sc3 Lg7 4.e4 d6 5.Le2 0—0 6.Sf3 e5 7.d5 h6 8.Sd2! a5 9.Sf1 Sa6 10.g4! Sh7 11.h4 f5

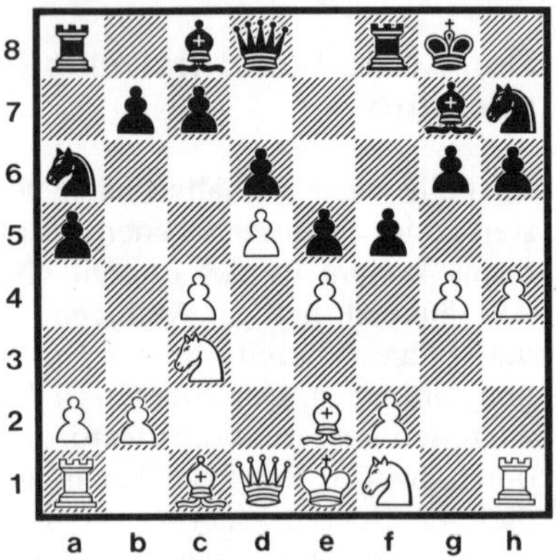

Stellung nach dem 11. Zug

12.gf5:
12.h5 wäre nur scheinbar unangenehm, denn darauf folgte ein vorübergehendes Bauernopfer, 12.... f4!, und nach 13.hg6: Sg5 käme Schwarz zu Wort.
Im entstandenen Mittelspiel ist es unbedingt angezeigt, die g-Linie zu öffnen, weil die schwarzen Springer augenblicklich in ungünstiger Lage, am Rand des Brettes stillstehen und die schwarze Königsstellung auf der offenen g-Linie unsicher wird.
Dieser Entschluß ist auch aus sportpsychologischem Gesichtspunkt richtig, denn ein Schachspieler wie Kavalek, der den Angriff bevorzugt, fühlt sich gegenüber einem chancenreichen Angriff wie der Henker, der gehängt werden soll.
Die Ausnutzung der menschlichen Schwächen, welche hinter den Stileigenarten verborgen sind, ist die sogenannte „ad hominem“ Turniertaktik (auf den Gegner bezogen, also psychologisches Schach), die eine sehr effektive Waffe des Mittelspiels ist.
12....gf5: 13.ef5: Lf5: 14.Sg3 Dd7 15.Le3 Sb4 16.Tc1 e4 17.Tg1!

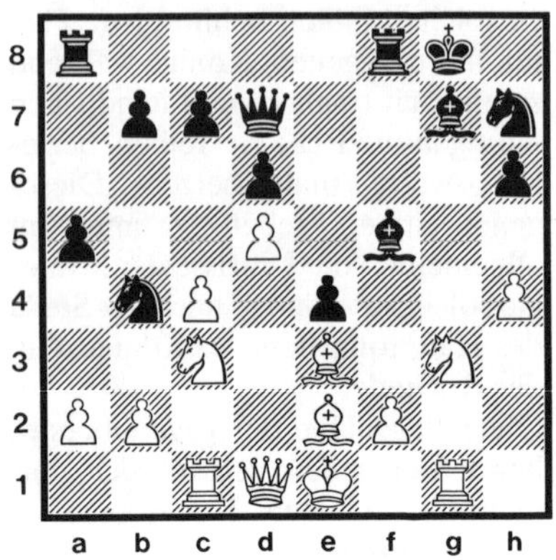

Stellung nach 17.Tg1!

Natürlich wäre die kurze Rochade einem „Selbstmord“ gleichgekommen. Der König bleibt also absichtlich in der Mitte. Was soll Schwarz jetzt anfangen? Droht einfach Sh5. Auf 17....Sf6 wäre 18.Lh6: verhängnisvoll.
Auch 17....Kh8 löst die Probleme der Verteidigung nicht. Die Verwicklungen wären für Schwarz immer ungünstig, weil Weiß die offene Linie und die Diagonale beherrscht.

Z.B. 17....Kh8 18.Sge4: Sa2: 19.Tg7:! Kg7: 20.Ld4† Kg8 21.Sa2: Le4: 22.Tc3! mit vehementem, entscheidendem Angriff.
Da die schwerfällige Verteidigung seinem Stil gar nicht entspricht, wählt Kavalek einen anderen Weg.
17....Sd3† 18.Ld3: ed3: 19.Sh5 Tf7 20.Kd2!
Eine scherzhafte Lage! Der weiße König wird vom gegnerischen Bauern besser geschützt, als wenn es sein eigener Bauer wäre! Die Verbindung der Schwerfiguren ist ein wichtiges Postulat. Der gemachte Zug leistet auch diesem Genüge.
20....Te8 21.Sg7: Tg7: 22.Dh5! Lg4 23.Dh6: Df5 24.f3!
Ein sehr schönes Bauernopfer im Interesse der Linienöffnung.
Schwarz darf es nicht annehmen, denn nach 24....Df3:? würde 25.Tcf1 Dh3 26.Ld4! Dh2† 27.Tf2 entscheiden.
24....Sf6 25.Tcf1 De5 26.fg4: Sg4:
Im Mittelspiel hat sich die strategische Konzeption des Anziehenden, das Halten des Königs in der Mitte, bewährt. Schwarz konnte seine Königsstellung nicht konsolidieren. Jetzt folgt eine schöne Abwicklungskombination:
(Diagramm rechte Spalte)
27.Dg7:†! Dg7:
Auf 27....Kg7: käme 28.Tg4:† Kh7 29.Tf7† Kh8 30.Ld4.
28.Tg4: Dg4: 29.Tg1 Dg1: 30.Lg1: Tf8 31.Le3 Tf3 32.Kd3: Th3 33.Sb5 Th2 34.b3 Ta2: 35.Ld2 c6 36.dc6: bc6: 37.Sd6: Ta3 38.Kd4 Tb3: 39.La5:

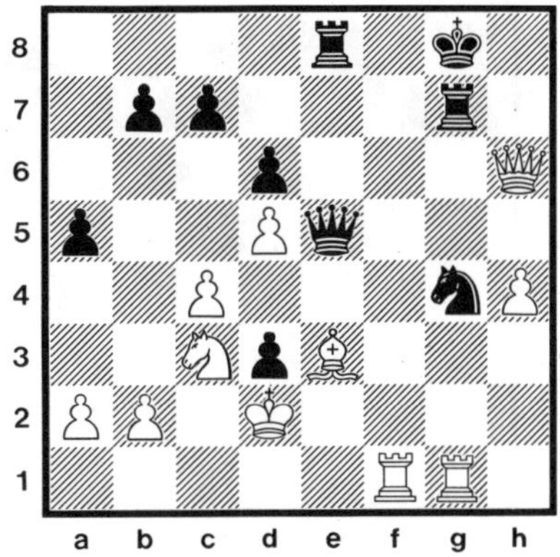

Stellung nach dem 26. Zug

Schwarz gab auf: 1:0
Die Lehre der Partie: Im Falle des in der Mitte gebliebenen Königs wird die Lage der sich verteidigenden Partei erschwert, wenn ihr König auf der dem Angriff ausgesetzten Seite Platz nimmt.

Gegnerischer König in der Mitte

Auch im nun folgenden Beispiel bleibt der König absichtlich in der Mitte. Ebenfalls in der Mitte bleibt der König des Gegners.

Donner – Portisch
Skopje 1972
1.d4 Sf6 2.c4 e6 3.Sc3 Lb4 4.e3 c5 5.Ld3 Sc6 6.Sf3 Lc3:† 7.bc3: d6 8.e4 e5 9.d5 Se7 10.Sh4
(Siehe Diagramm Seite 44)
Bei dem vollkommen abgeschlossenen Zentrum ist es notwendig, daß Weiß am Königsflügel eine Aktion einleitet.

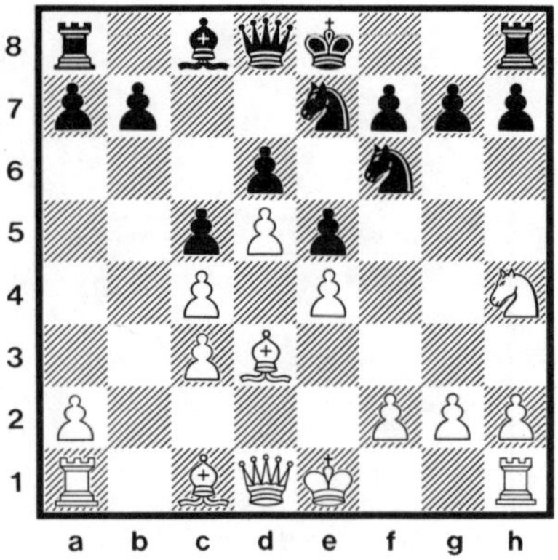

Stellung nach 10.Sh4

10....h6!
Verhindert die Fesselung mit Lg5. Auf sofortiges 10....Sg6 würde 11.Sf5! Lf5: 12.ef5: mit der Beschleunigung des Bauernsturmes am Königsflügel folgen.
Schwarz hat diese scheinbar harmlose Stellung mit äußerster Sorgfalt zu behandeln. Im Kampfe gegen das Läuferpaar muß man im allgemeinen eine geschlossene Stellung anstreben, obwohl es immer schwerer ist, eine Stellung geschlossen zu halten, als sie zu öffnen.
11.f3
Sichert den Punkt e4 im voraus für den Fall, daß der Springer f5 zum Abtausch gezwungen wird. Aus der Lage des Springers folgt, daß Weiß alles auf eine Karte, den Königsflügelangriff, setzt. Im Vergleich zum vorigen Beispiel besteht der Vorteil der sich verteidigenden Partei darin, daß ihr König nicht auf der dem Angriff ausgesetzten Seite steht, sondern in der Mitte geblieben ist, denn Schwarz hat die Rochade aufgeschoben.
11....Da5 12.Dc2 g5 13.Sf5 Sf5: 14.ef5: Ld7
Für den Notfall sichert die Möglichkeit der langen Rochade, aber Schwarz beeilt sich auch damit nicht.
15.h4?!
Etwas besser wäre 15.g4 0—0—0 16.h4, aber Schwarz kann darauf mit 16....e4! eine Operation im Zentrum beginnen. Donner konnte sein Heil auch in der langen Rochade nicht suchen, und zwar wegen des Qualitätsverlustes nach 15.Le3 0—0—0 16.0—0—0 La4.
15....g4 16.fg4:
16.h5 gf3: 17.gf3: wäre für Weiß das kleinere Übel, da das Läuferpaar eine kleine Gegenchance bietet.
16....Sg4: 17.Le2 Tg8!
Mit einem Bauernopfer verbunden, setzt Schwarz auf der offenen Linie einen Turm ein. Das hastige 17....Lf5:? 18.Df5: Dc3:† 19.Kd1 Da1: 20.Lg4: ließe den „halbtoten" Gegner zu sich kommen.
18.Lg4: Tg4: 19.Lh6:?
Die Stellung war auch sonst verloren. Jetzt wird aber eine nette Abwicklung vollbracht.
(Siehe Diagramm Seite 45)
19. . . .Lf5:! 20.Df5: Dc3:† 21.Kf2
Auf 21.Ke2 entscheidet 21....Db2†.
21....Db2† 22.Ke3 Tg2:
Das Mattnetz schließt sich. Weiß gab auf: 0:1

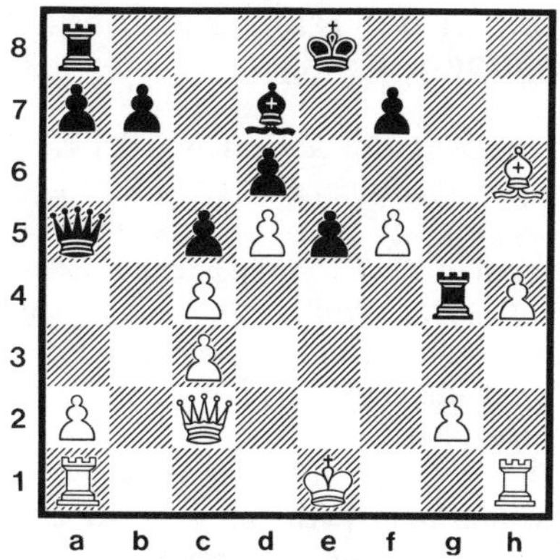

Stellung nach 19.Lh6:?

Die Lehre aus der Partie:
Im Falle eines früh am Flügel begonnenen Spiels ist es ratsam, die Rochade solange aufzuschieben, bis sich klar herausstellt, welche Seite dem König einen sichereren Schutz bietet.

Lange Rochade des Gegners

Ljubojevic _ Gheorghiu
Manila 1976
1.e4 c5 2.Sf3 d6 3.d4 cd4: 4.Sd4: Sf6 5.Sc3 a6 6.Lg5 Sc6 7.Dd2 e6 8.0—0—0 Ld7 9.f4 b5 10.Lf6: gf6: 11.Sc6: Lc6: 13.De3 De7! 13.Ld3 Da7!
(Diagramm rechte Spalte)
Stellt den Anziehenden vor die Wahl. Der nach dem Damentausch in der Mitte plazierte König würde sich in größerer Sicherheit befinden. So könnte sich das Läuferpaar leichter zur Geltung bringen. Die

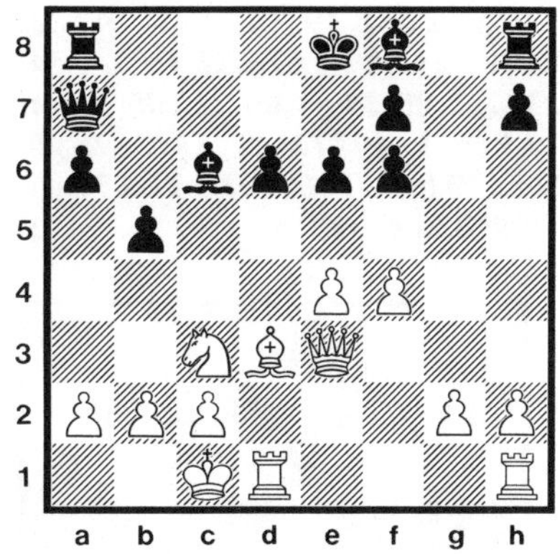

Stellung nach dem 13. Zug

Entfernung der Dame von der Mitte schlägt ebenfalls zu Gunsten von Schwarz aus, um so eher als er dann die wichtigsten schwarzen Diagonalen beherrscht (a7-g1 und h6-c1).

14.Dh3 b4 15.Se2 Dc5 16.f5 e5 17.Sg3 a5
Das Halten des Königs in der Mitte ist im allgemeinen besonders in dem Falle sehr gefährlich, wenn der Gegner lang rochiert hat, denn der Turm erscheint gleichzeitig auf der Mittellinie.
In unserem Beispiel ist es jedoch angezeigt, daß der König in der Mitte bleibt. Die zentrale Bauernstruktur von Schwarz bildet eine wahre Festung. Ihre Zerstörung ist keine leichte Aufgabe, weil der drohende Aufmarsch von Schwarz am Damenflügel immer gefährlicher wird. Alles hängt davon ab, welche Aktion sich schneller entfaltet.

18.Sh5 Lh6† 19.Kb1 Lg5 20.Df3 Ke7! 21.h4 Le3 22.Th3 Ld4 23.De2 d5 24.g4 h6 25.ed5: Ld5: 26.Le4 Lc4 27.Dd2 Tad8 28.g5 hg5: 29.hg5: Td6! 30.b3 Lb5 31.g6 Thd8 32.Ld3 e4!!

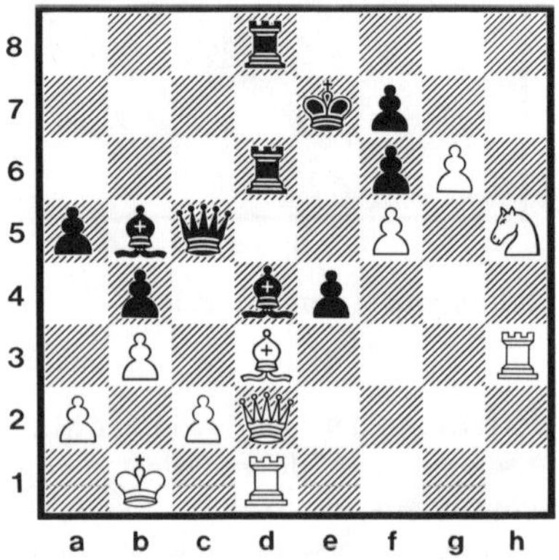

Stellung nach dem 32. Zug

Der Kampf im Mittelspiel ist entschieden: gegen das Eindringen der schwarzen Dame in die Diagonale e5-a1, gibt es keine Parade mehr.
33.De1 Le5 34.g7 ed3:
Weiß gab auf: 0:1
Die Lehre: Gegenüber einem Partner, der nach der langen Seite rochiert hat, verspricht Erfolg, daß unser König in der Mitte bleibt, falls die Bauernstellung vor dem König genügend fest ist, die voraussichtlichen zentralen Schläge mindestens solange zu parieren, bis der Sturm der eigenen Streitkräfte den Gegner bezähmt.

Der in der Mitte steckengebliebene König

Jene Mittelspiele, in denen der König notgedrungen in der Mitte geblieben ist, sind meistens aus irgendeinem Eröffnungsfehler oder auf solche Weise entstanden, daß die sich verteidigende Partei die Rochade länger als nötig hinausgezögert hatte.
Der in der Mitte steckengebliebene König kann leichter ins Feuer der angreifenden Kräfte geraten. Es ist eine oft vorkommende Erscheinung, daß der König durch die mit Tempogewinn verbundenen Angriffszüge des Gegners in ein Mattnetz gejagt wird.
Auch in solchen Partien ist eine Plazierung des Königs der angreifenden Seite ein bestimmender Faktor.

Kurze Rochade des Angreifers

In unserem Beispiel rochierte der Angreifer kurz.

G. Szilágyi – J. Flesch
Budapest 1955
1.c4 Sf6 2.Sc3 e6 3.Sf3 d5 4.d4 c6 5.Db3 Sbd7 6.cd5: ed5: 7.e4 de4:
Nach der Meinung mehrerer ungarischer Meister, die zu jener Zeit diese Partie analysiert hatten, hätte sich Schwarz auf dieses Unternehmen nicht einlassen dürfen. Sie dachten nicht daran, daß der Verteidiger für den Druck auf den Punkt f7 durch den Umstand reichlich entschädigt wird, daß er die

Rochade des Gegners zu verhindern vermag.

Über dem in der Mitte plazierten König schwebt aber immer das Schwert des Damokles, die drohende taktische Überraschung. Damit müssen beide Seiten rechnen.

8.Sg5

Die erste Aufgabe von Schwarz besteht darin, durch die Rückgabe des Materials die unmittelbare Drohung zu parieren.

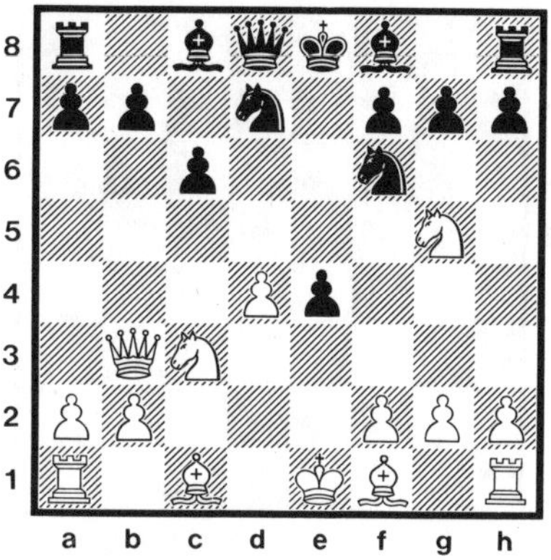

Stellung nach 8.Sg5

8....Sd5! 9.Sd5: cd5: 10.Dd5: Lb4† 11.Kd1

Auf 11. . . .Ld2? folgt 11. . . .Ld2:† 12.Kd2: 0—0 13.Lc4 Sb6 14.Dd8: Sc4:† (ein wesentlicher Zwischenzug!) und Schwarz gewinnt.

11....0—0 12.Lc4 Sf6! 13.Dd8: Lg4†!

Die entscheidende Wende, die den Internationalen Meister Szilágyi äußerst betroffen machte. Es ist ja kein Wunder, denn auf 14.f3? entscheidet 14....Tad8: 15.fg4: Td4:†

14.Kc2 Tad8: 15.Le3 h6 16.Sh3 Tc8 17.Kb3 Le7 18.Tac1

Erzwungen, weil 18.a4 wegen 18....Tc4:. 19.Kc4: Tc8† 20.Kb5 Ld7† 21.Ka5 Sd5 verliert.

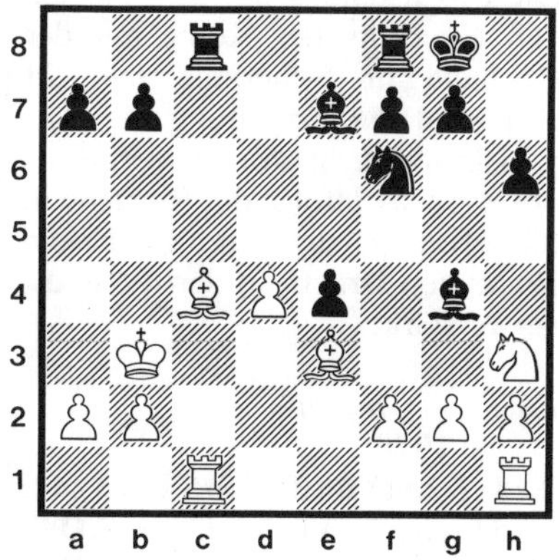

Stellung nach 18.Tac1

18....b5!

Das Spießrutenlaufen des weißen Königs geht weiter. Vom Feld e1 schleppt er sich unter der Last der Schläge bis zum Feld a7.

Schwarz hat die Möglichkeiten, die sich aus dem Mittelspiel ergaben, gut ausgenutzt. Betrachten wir noch den Schluß:

19.Lb5: Tb8 20.Ka4 a6! 21.Lc6 Tb4† 22.Ka5 Tfb8 23.d5 Ld8† 24.Ka6: Lc8† 25.Ka7 Sd7! 26.a3 Tdb6

Damit hat sich der Ring geschlossen. Weiß gab auf: 0:1

Die Lehre: Eine außerordentliche Wachsamkeit ist erforderlich, wenn wir den König in der Mitte stationieren, denn die taktischen Gefahren nehmen Schritt für Schritt zu.

Lange Rochade des Angreifers

In unserem zweiten Beispiel rochierte der Angreifer nach der langen Seite.
Diese Aufstellung hat den Vorteil, daß einerseits der König mit der Rochade in Sicherheit gebracht wird und die Entfaltung der Angriffskräfte nicht stört, andererseits der Turm a1 infolge der Rochade in die Mitte gelangt und in diesem Raum den Druck auf den Verteidiger verstärkt.

Fischer – Camara
Siegen 1970
1.e4 c5 2.Sf3 d6 3.d4 Sf6 4.Sc3 cd4: 5.Sd4: g6 6.Le3 Lg7 7.f3 Sc6 8.Dd2 Ld7 9.Lc4 Tc8 10.Lb3 Da5 11.0—0—0 Se5 12.h4 Sc4 13.Lc4: Tc4: 14.Sb3 Dc7 15.Ld4 Lc6

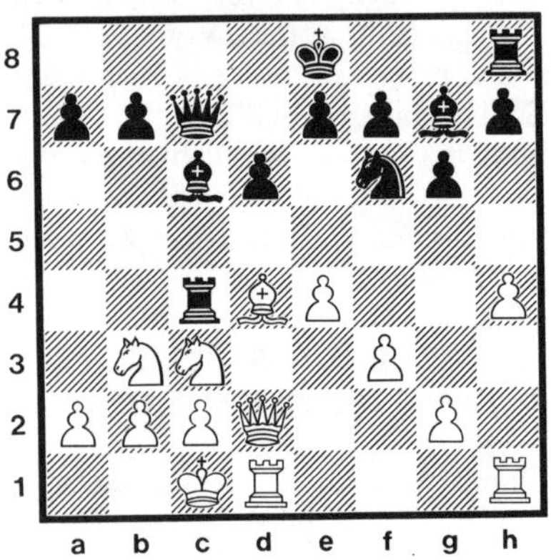

Stellung nach dem 15. Zug

16.e5!

Dieser Durchbruch ist typisch. Es ist notwendig, im Vordergrund des in der Mitte steckengebliebenen Königs Linien zu öffnen.
16. . . .de5: 17.Le5: Dc8 18.De2!
Setzt die Dame mit Tempogewinn auf die Linie des Königs.
18....Ld7
Auf 18. . . .b5 gewinnt 19.Sa5 Tc5 20.Ld6.
Die Schlußkombination ist sehr lehrreich.

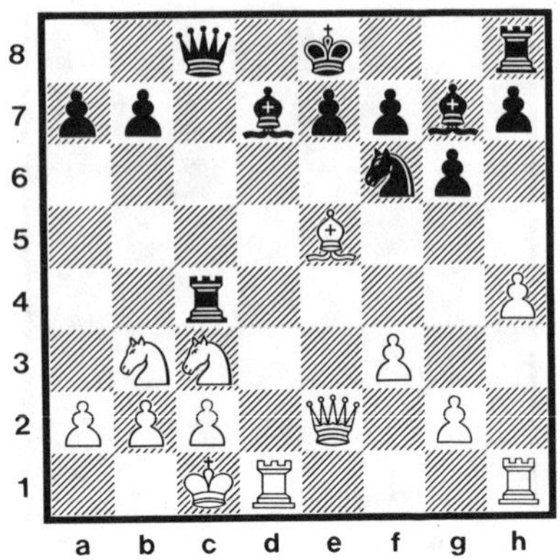

Stellung nach 18. . . .Ld7

19.Td7:! Kd7:
Eine traurige Notwendigkeit. Die Dame und der Springer schauen den Ereignissen ohnmächtig zu. Falls 19....Tc3: so 20.Te7:† Ke7: 21.Lc3:† mit Schluß.
20.Sb5!
Der Schlüsselzug der Kombination! Droht das einfache Sa7: mit Eroberung des Turmes. Andernfalls gewinnt 21.Td1† Ke8 22.Lf6: Lf6: 23.Sd6† die Dame.

20....Dc6 21.Td1† Ke8 22.Sc7†
Auf 22....Kf8 käme 23.Td8†
22....Dc7: 23.Lc7: Tc7: 24.Db5†
Schwarz gab auf: 1:0
Die Lehre aus der Partie: Im Falle eines in der Mitte steckengebliebenen Königs beschleunigt die lange Rochade die Besetzung der zentralen Linien. Darum begründet sich die Entscheidung im allgemeinen auf den zentralen Druck der Schwerfiguren.

König des Angreifers auch in der Mitte

Der dritte Typ des in der Mitte stehengebliebenen Königs entsteht, wenn auch der König der angreifenden Partei in der Mitte bleibt. Solche Mittelspiele bilden sich nicht nur als Folge eines Eröffnungsfehlers aus. Bei den Gambiteröffnungen kommen solche Situationen des öfteren zustande.
Ein solches Mittelspiel kann – wenn auch seltener – auch aus den heute gebräuchlichen Eröffnungen entstehen. Manchmal erfordert das die schablonenfreie Spielführung. Prüfen wir jetzt solch ein Beispiel.

Karpow – Mecking
Moskau 1971
1.e4 c5 2.Sf3 d6 3.d4 cd4: 4.Sd4: Sf6 5.Sc3 e6 6.g4 Sc6 7.g5 Sd7 8.Le3 a6 9.f4 Le7 10.Tg1 Sd4: 11.Dd4: e5? 12.Dd2 ef4: 13.Lf4: Se5 14.Le2 Le6 15.Sd5 Ld5: 16.ed5: Sg6
Diagramm rechte Spalte)

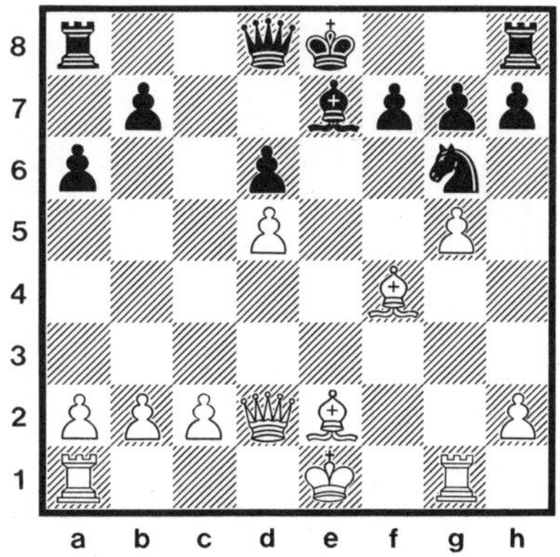

Stellung nach dem 16.Zug

Mecking wurde gezwungen, auf die Rochade zu verzichten. Siehe diese beiden Möglichkeiten:
a) auf 16....0—0 folgte 17.0—0—0 und droht einerseits 18.Le5: nebst d6, andererseits der Bajonettangriff der weißen Bauern (h4-h5).
b) 16....Dc7 17.0—0—0 0—0—0 18.Tg3! mit weißer Überlegenheit.
Jetzt stößt aber auch die Rochade des Anziehenden auf Hindernisse. Falls der König auf die Diagonale der feindlichen Dame kommt, kann ein gefährliches Gegenspiel von Schwarz eingeleitet werden. Karpow läßt darum seinen König ebenfalls in der Mitte. Er wird das so ersparte Tempo auf eine andere Art nutzen.
17.Le3 h6 18.gh6: Lh4† 19.Kd1 gh6: 20.Lh6: Lf6 21.c3 Le5
(Siehe Diagramm Seite 50)
In einem solchen Mittelspiel besteht der entscheidende Faktor darin,

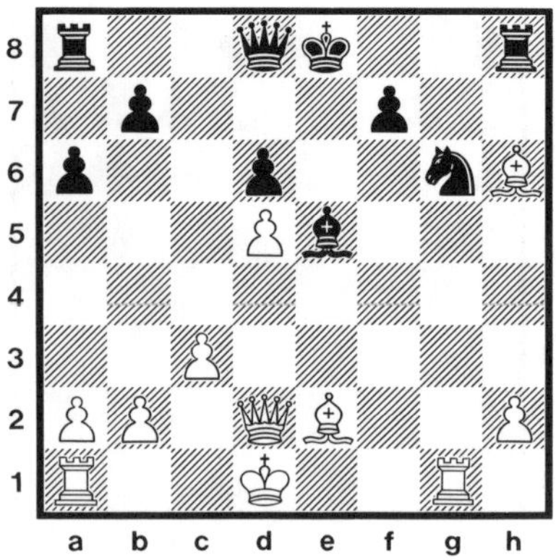

Stellung nach dem 21. Zug

welchem König eher eine „Wunde“ beigebracht werden kann. Auf das schablonenhafte 22.Kc2 führte jetzt 22....Dh4 23.Le3 Da4† zum Vorteil von Schwarz. Der vorrückende weiße Turm pariert diese Drohung.

22.Tg4! Df6

Falls 22....Lh2:?, so 23.Lg7!

23.h4!

Behauptet die Beute. Der Bauernvormarsch bringt die Verteidigung immer mehr in Verwirrung.

23....Df5 24.Tb4 Lf6 25.h5 Se7

23....Se5? kostet eine Figur wegen 26.Tf4!

26.Tf4 De5 27.Tf3!

Karpows Mittelspielkonzeption hat triumphiert! Die Stellung von Schwarz ist wie ein Kartenhaus zusammengestürzt. Schwarz ist genötigt, den vergifteten Bauern zu verdauen, denn er kann Lf4 sonst nicht parieren.

(Diagramm rechte Spalte)

27....Sd5: 28.Td3 Th6: 29.Td5:

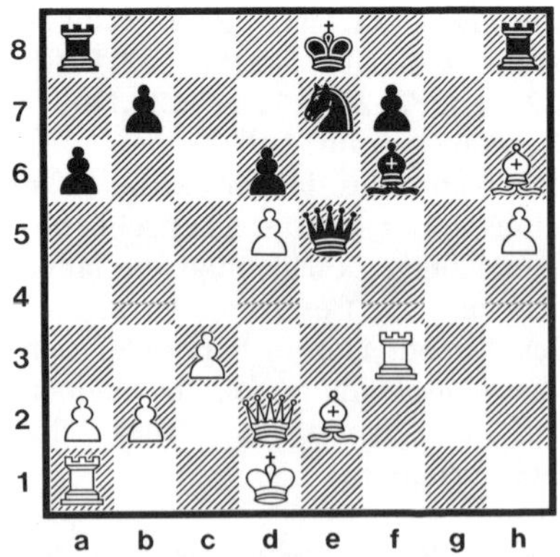

Stellung nach 27.Tf3!

De4 30.Td3 Dh1† 31.Kc2! Da1: 32.Dh6: Le5 33.Dg5!

Nimmt dem Gegner die Möglichkeit der Rochade und außerdem droht auch Dg8†.

Schwarz gab auf: 1:0

Die Lehre aus dieser Partie: Falls wir im Laufe des Angriffs auf den in der Mitte stehengebliebenen König, unseren König nicht in Sicherheit bringen können, sollen wir den Angriff auf die Weise führen, daß wir auch die Gefahren, welche unserem König drohen, nicht außer acht lassen.

Beide Partner haben kurz rochiert

Entscheidung am Damenflügel

Hübner – Gheorghiu

Skopje 1972

1.c4 g6 2.d4 Sf6 3.g3 Lg7 4.Lg2 d5

5.cd5: Sd5: 6.e4 Sb6 7.Se2 Sc6 8.d5 Sa5 9.0—0 c6 10.Sbc3 cd5: 11.ed5: Sac4 12.b3 Sd6 13.a4! a5

Die Bauernzüge auf der a-Linie sind nicht gleichwertig. Im schwarzen Lager sind mehr Schwächen geblieben.

Die Aufgabe des Anziehenden liegt darin, daraus Kapital zu schlagen.

14.La3 Lg4 15.Tc1 0—0 16.h3 Le2:

Auf 16....Ld7 deckt 17.Dd2 nebst Sd4.....Scb5 die Schwäche der Verteidigung auf.

17.De2: Tc8 18.Sb5! Dd7

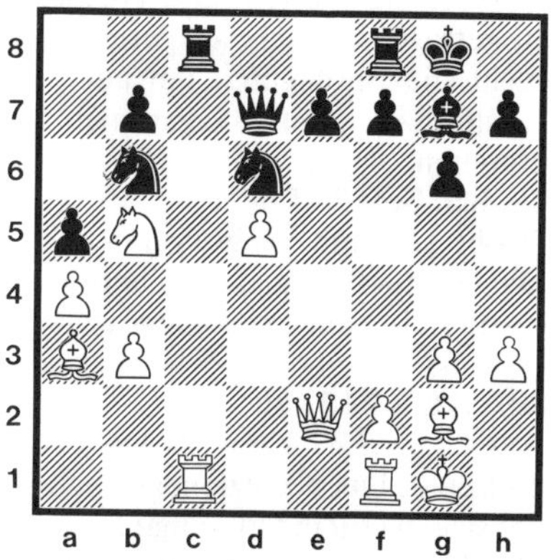

Stellung nach dem 18. Zug

19.Ld6:!

Ein schablonenfreier Zug! Verzichtet auf das Läuferpaar, freilich nicht ohne Hintergedanken: fixiert endgültig die schwachen Punkte am Damenflügel, und dadurch wird der Springerstützpunkt entscheidend stark. Die strategische Konzeption von Hübner hat sich bewährt.

19....ed6: 20.Dd2 Ta8 21.De3 Sc8 22.Tc7 Dd8 23.Tb7: Te8 24.Df4 Te7 25.Te7: De7: 26.Tc1! De5 27.De5: Le5: 28.h4

Damit nach 29.Tc6 der Zug f2-f4 nicht mit 28....g5 verhindert wird.

28....Sa7

Jetzt folgt die Abwicklung:

29.f4! Sb5: 30.fe5: Sd4

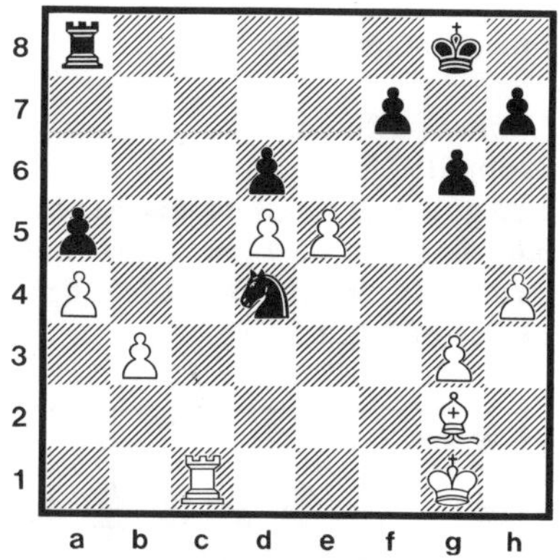

Stellung nach dem 30. Zug

31.Tc7!

Ein sehr energischer „stiller“ Zug, der den Wert des Freibauern erhöht. Auf 31....Td8 gewinnt jetzt 32.e6! fe6: 33.de6: Se6: 34.Ld5! Te8 35.Tc8!! Darum ist das Schlagen erzwungen.

31....de5: 32.d6 Td8 33.Ld5!?

Ein häufiger Ausgang des Mittelspiels: forcierte Abwicklung in ein gewonnenes Endspiel.

33....Td6: 34.Lf7:† Kf8 35.Lc4 Tf6 36.Th7: e4 37.Td7 Sf3† 38.Kg2 e3 39.Td8† Ke7 40.Td5 Se1† 41.Kh3

Tf5 42. Tf5: gf5: 43.Kh2 Kf6 44.Kg1 Sf3† 45.Kf1 Sd4 46.b4! ab4: 47.a5 b3 48.a6 b2 49.Ld3 Sc6 50.Lb1 Ke5 51.h5 Kf6 52.Ke2 Kg5 53.Ke3: Kh5: 54.Kf4 Kh6 55.Kf5: Se7† 56.Ke4 Sc6 57.Kf4! (57.Kd5? Sb4†!) **57....Sa7 58.g4 Sc6 59.g5† Kh5 60.g6 Kh6 61.Ke3 Kg7 62.Kd2 Kf6 63.Kc3**
Schwarz gab auf: 1:0

Entscheidung in der Mitte

Hübner – Gligoric
Skopje 1972
1.g3 g6 2.Lg2 Lg7 3.d4 d5 4.Sf3 Sf6 5.0—0 0—0 6.c4 c6 7.Se5 Le6 8.cd5: cd5: 9.Sc3 Sc6 10.Sc6: bc6: 11.Sa4 Sd7 12.b3 Da5

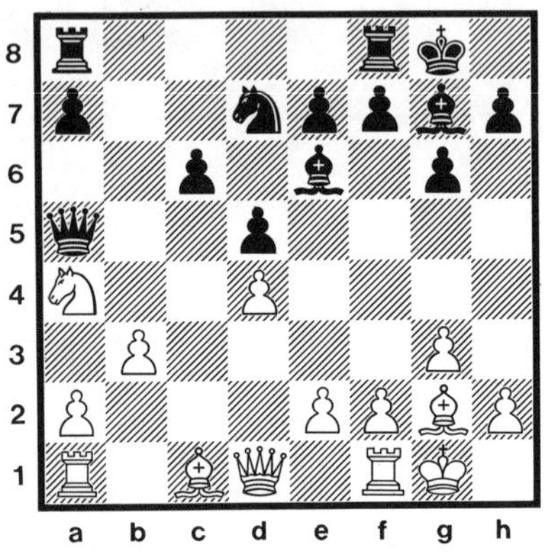

Stellung nach dem 12. Zug

Nur teilweise hätte die Fortsetzung 12....c5 13.Lb2 cd4: 14.Ld4: Ld4: 15.Dd4: Sf6 die Sorgen von Schwarz erleichtern können, weil ein Spieler von Gligoric' Stil gegen den „deutschen Capablanca“ in der entstehenden Stellung nur ein kümmerliches Leben fristen könnte.

13.Lb2
Nur scheinbar gut ist 13.La3, da darauf 13....Te8 nebst Sb6 folgen kann.

13....Tac8 14.Tac1 Lf5 15.Te1 Tfe8 16.Lc3 Db5 17.Dd2 Db8 18.Lb2
Hübner, der geniale Stratege, weiß wohl, daß er die Entscheidung im Zentrum herbeiführen muß.

18....e5
Jetzt wird der Kampf um den Stützpunkt c5 auf den schwarzen Feldern ausgetragen. Auch Gligoric versucht die Sprengung, um auf der e-Linie zu etwas Gegenspiel zu kommen.

19.de5: Se5: 20.Ld4!
Droht Dc3 mit nachfolgendem f4. Die Verteidigung der Bauerninsel c6-d5 stellt Schwarz vor eine schwere Aufgabe.

20. . . .Lf8 21.Lc5!
Auf 21. . . .Lg7 käme 22.Da5 Tc7 23.Ld6±. Der Nachziehende befindet sich in einem Dilemma: Er muß den Abtausch des starken schwarzfeldrigen weißen Läufers antreben. Danach findet aber Weiß in der Umgebung der Bauerninsel wichtige Stützpunkte. Dadurch wird die zentrale Bauerninsel verwundbar, besonders da sie auf der Farbe des Läufers g2 fixiert ist.

21....Sd7 22.Lf8: Sf8: 23.Sc5 De5
(Siehe Diagramm Seite 53)

24.e4!
Gegensprengung! Hübner weist auf

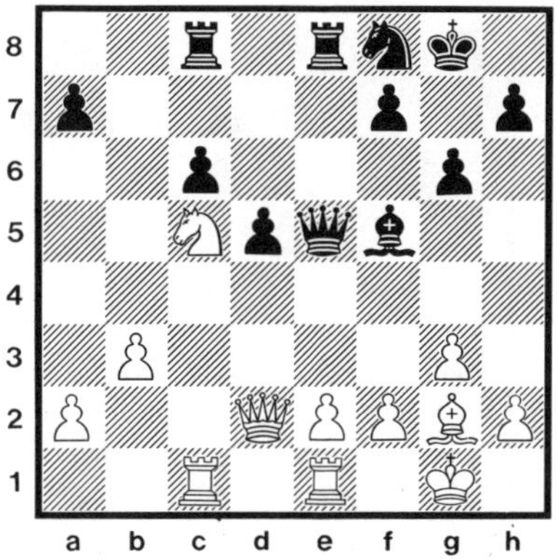

Stellung nach dem 23. Zug

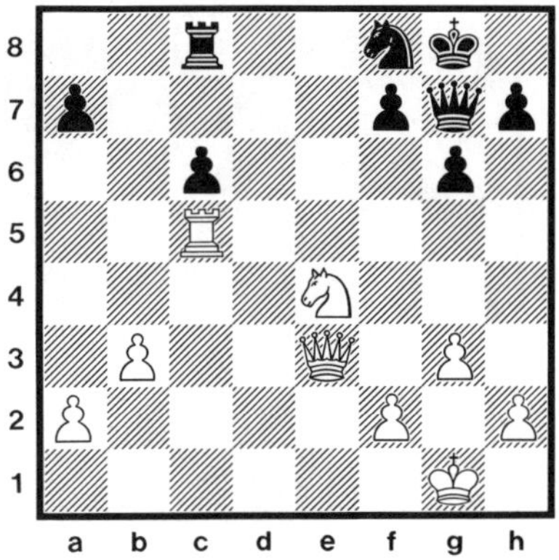

Stellung nach dem 29. Zug

die Schwächen der schwarzen Stellung hin: nicht nur die Insel c6-d5, sondern auch die zentralen schwarzen Felder sind schwach.

24....de4: 25.Le4: Le4:

Zwei Abweichungen: a) 25....Tcd8 26.Da5 Le4: 27.Te4: Df5 28.Tf4!± b) 27....Dg5 28.Dc3 Df5 29.Tce1!± Beide sind hoffnungslos für die schwarze Verteidigung.

26.Te4: Dd5 27.De3 Te4: 28.Se4: De5 29.Tc5! Dg7

Auf 29....De7 wäre 30.Dd4! Se6 31.De5! sehr unangenehm.

(Diagramm rechte Spalte)

30.Ta5

Es ist an der Zeit, den Positionsvorteil in materiellen Vorteil umzuwandeln.

30....Td8 31.Ta7: Se6 32.Kg2 De5 33.Df3! f5 34.Sc3 Td6 35.h4 h5 36.Se2 Td2 37.Dc6:! De4†

37....Te2:? 38.De8† Sf8 39.Df7† und Df8:∓

38.De4: fe4: 39.Te7! Sc5 40.Sc3 Kf8 41.Tc7 Se6 42.Se4: Ta2: 43.Tc6 Kf7 44.Tb6 Te2 45.Sc3 Tc2 46.Sd5 g5 47.hg5: Sg5: 48.Tb7† Kg6 49.Sf4† Kf5 50.Tb5†

Auf 50....Kg4 gewinnt 51.Sd5 einen Turm!

Schwarz gab auf: 1:0

Entscheidung am Königsflügel

Flesch – Kluger
Budapest 1974

1.Sf3 Sf6 2.g3 d5 3.Lg2 e6 4.0—0 Le7 5.d3 0—0 6.Sbd2 c5 7.e4 Sc6 8.e5 Sd7 9.Te1 b5 10.h4 a5 11.Sf1 b4 12.S1h2 a4

Bei einem verhältnismäßig festen Zentrum ergreifen beide Parteien auf den Flügeln die Initiative. Der beiderseitige Zweck besteht darin, schwache Punkte beim Gegner zu bilden, dann ein Übergewicht auszubilden.

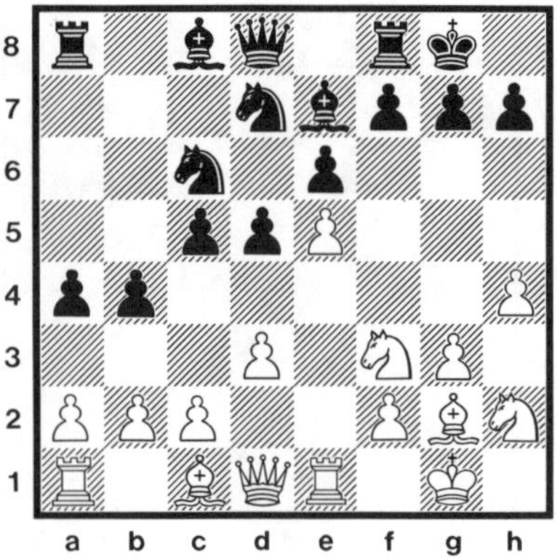

Stellung nach dem 12. Zug

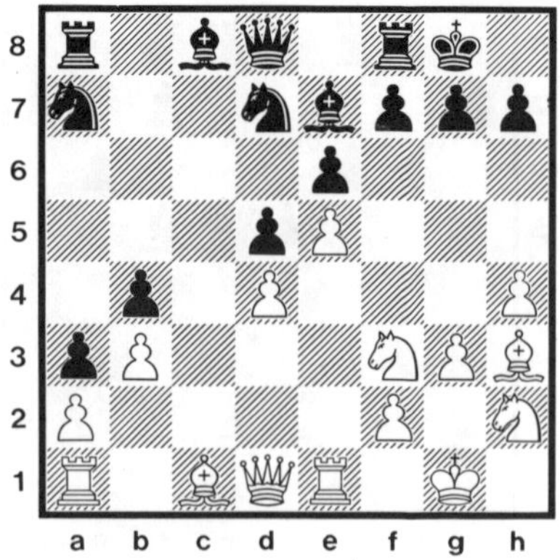

Stellung nach dem 16. Zug

13.Lh3!
Unterbindet, daß Schwarz sich durch 13.....a3 14.b3 f6 15.ef6: Lf6: nebst Sa7-Sb5 befreit.
Der Textzug illustriert wohl, daß wir während unseres eigenen Aufmarsches stets darauf achtgeben müssen, die Pläne des Gegners durchkreuzen zu können.
13....a3 14.b3 c4 15.d4!
Für die Flügelaktion ist eine geschlossene Mitte günstig. Hätte Weiß auf c4 geschlagen, dann würden ihm die sich öffnenden Diagonalen und Linien im Zentrum und am Damenflügel Sorge bereiten.
15....cb3: 16.cb3: Sa7
(Diagramm rechte Spalte)

17.Sg5!
Der Anziehende hat am Königsflügel einen Angriff eingeleitet. Es ist zwar wahr, daß sich vorläufig keine Schwächen des Bauerngefüges von Schwarz am Königsflügel befinden, während Schwarz aber auf dem Punkt c3 einbrechen kann.
Zuerst haben wir den psychologischen Unterschied zwischen den zwei Angriffen auf entgegengesetzter Seite zu bewerten. Die Aktion von Schwarz am Damenflügel verspricht materiellen Vorteil, aber der Zweck des Gegners an der anderen Seite liegt im „Skalpieren" des Königs. In solch einer Situation ist der Verteidiger einer schwereren psychologischen Belastung, einer sogenannten „Streßwirkung" ausgesetzt. Diese Regel ist vom Amateur bis zum Weltmeister gültig. Die Erhöhung der Pulsschlagzahl, oder in schweren Fällen eine Blutdruckänderung, können auftreten, sogar neurotische Verwirrungen machen sich bemerkbar. (Auch der ungarische Internationale Meister Dr. Bély, fand – vor einigen Jahren – bei einem aus Streßwirkung stammenden Herzanfall den Tod.)

Es ist sicher, daß die oben erwähnten sportgesundheitlichen Probleme sich auch bei der Verwendung einer Schachuhr zeigen können: Der Besitzer des gefährdeten Königs verbraucht stets mehr Bedenkzeit als unter üblichen Umständen. Das war auch bei Kluger der Fall, auf den der „Streß“ solch eine Wirkung ausübte, daß er seinen kahlen Kopf mit zwei Händen kratzte und unterdessen mehrere Remisangebote machte.

17....Db6 18.Le3 Lg5: 19.hg5:!

Ein Irrweg wäre 19.Lg5: Sb5 20.Le7 Sc3 21.Dg4, denn das dynamische 21....f5! pariert alles.

Der nach g5 gelangende Bauer erfüllt eine wichtige taktische Aufgabe, weil er den Punkt f6 kontrolliert. Die geöffnete h-Linie schlägt ebenfalls zum Vorteil von Weiß aus.

19....Sb5 20.Dh5 La6 21.Sg4 Kh8

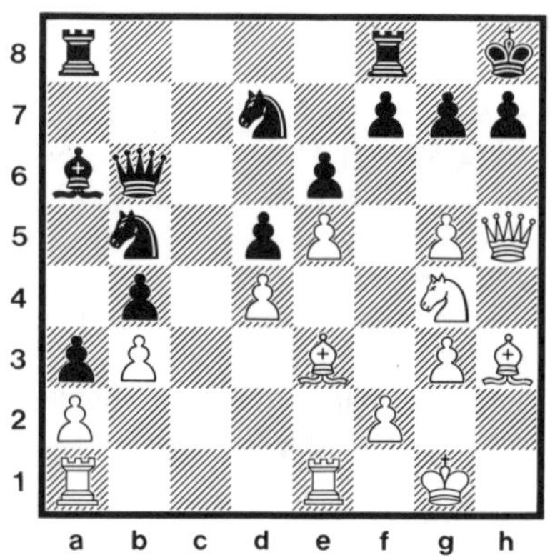

Stellung nach dem 21. Zug

22.Sf6! gf6:

Das Schlagen ist erzwungen.

Oder 22....Sf6: 23.ef6: g6 24.Dh6 Tg8 25.Kg2 Dd8 26.Le6: Df8 27.Dh7:† Kh7: 28.Th1† Dh6 29.Th6:‡

23.gf6: Sc3

Es gab nichts anderes: 23....Tg8 24.Df7: Sf8 25.Lh6 und gewinnt. Eine andere Variante: 23....Ta7 24.Kg2 Tg8 25.Lf5!! (Nicht 25.Df7:?? wegen der Erwiderung 25....Se5:!) 25....Sf8 (25....ef5: 26.Dh7:† Kh7: 27.Th1† Kg6 28.Th6‡) 26.Lh7: Sh7: 27.Dh7:† Kh7: 28.Th1† Kg6 29.g4!! und gegen Th6‡ hat Schwarz keine Parade mehr.

24.Lh6 Ld3

Da auf 24....Dd4: 25.Dg5 Tg8 26.Lg7† Tg7: Dg7‡ kommt.

25.Lg7† Kg8 26.Dh6 Dd8 27.Lh8

Schwarz gab auf: 1:0

Beide Partner haben lang rochiert

Die lange Rochade hat im allgemeinen den Vorteil, daß der Damenturm sogleich auf die Mittellinie gebracht wird und dort auf der offenen oder halboffenen d-Linie als Angreifer auftreten kann. Der Nachteil der langen Rochade besteht darin, daß der Bauer a2 (a7) ungedeckt ist, und die Sicherheit des Königs auf der – eventuell sich öffnenden – c-Linie abnimmt. Darum muß der König oft einen Zug nach b1 (b8) machen. Ebenfalls ist

es ein Nachteil, daß das Aufziehen des c-Bauern nicht vom Turm unterstützt wird, wie im Falle der kurzen Rochade dem f-Bauern vom f-Turm geholfen wird.
Die gegenseitige lange Rochade ist in der Turnierpraxis verhältnismäßig selten. Ein kennzeichnendes Beispiel führen wir jedoch auf, in dem die Beherrschung der d-Linie, die ein Vorteil der langen Rochade ist, den Ausgang des Kampfes entschied.

Spassky – Larsen
Bugojno 1978
1.e4 c6 2.d4 d5 3.Sc3 de4: 4.Se4: Lf5 5.Sg3 Lg6 6.Sf3 Sd7 7.Ld3 Da5† 8.Ld2 Dc7 9.Lg6: hg6: 10.De2 e6 11.Se4 0—0—0 12.g3 c5
12....Sgf6 war nicht angängig wegen 13.Seg5 Sb6 14.Se5
13.Lf4 Dc6
13....Da5† wäre schon lebensgefährlich wegen 14.b4! cb4: 15.Dc4†. Schwarz kann natürlich besser spielen, aber nach 14.b4 Db4: 15.c3 wäre die Lage von Schwarz angesichts der b-Linie und der schwachen Königsstellung ebenfalls hoffnungslos.
14.0—0—0
(Diagramm rechte Spalte)
14....c4
Der Nachziehende durfte nicht abwarten, daß Weiß mit dc5: die d-Linie öffnet, weil seine Figuren noch auf der Grundreihe stillstehen. In solch einer Lage darf er die Öffnung der Diagonale – nach Möglichkeit – nicht zulassen.

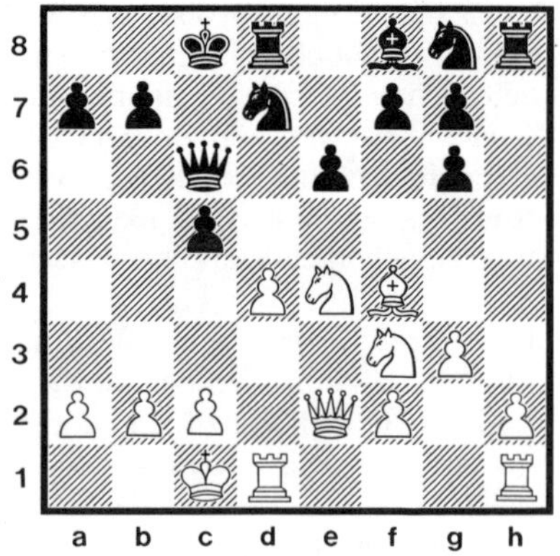

Stellung nach 14.0—0—0

15.Sc3!
Der Anziehende muß dagegen die Öffnung der d-Linie forcieren, und zwar mit d4-d5, um seinen Vorteil für eine Aktion gegen den feindlichen König ausnutzen zu können.
Der Verteidiger vermag das nicht gut zu verhindern. Z.B. a) 15.... Sgf6 16.Sg5! oder b) 15....Sb6 16.Se5 De8 17.d5! ed5: (17.... Sd5:? 18.Dc4:† und gewinnt). 18.Sd5:! Td5: 19.Td5: Sd5: 20.Dc4:† Kb8 21.Sf7:† gewinnt. Der Textzug ist also erzwungen.
15....Sh6
(Siehe Diagramm Seite 57, links)
16.d5! ed5: 17.Td5: Lc5
Schwarz hatte das entscheidend starke Manöver Sd4-Sb5 zu parieren.
18.Thd1 f6
Deckt den Punkt e5, denn Schwarz befürchtete auf 18....The8 die Erwiderung 19.Se5. Es ist dennoch eher

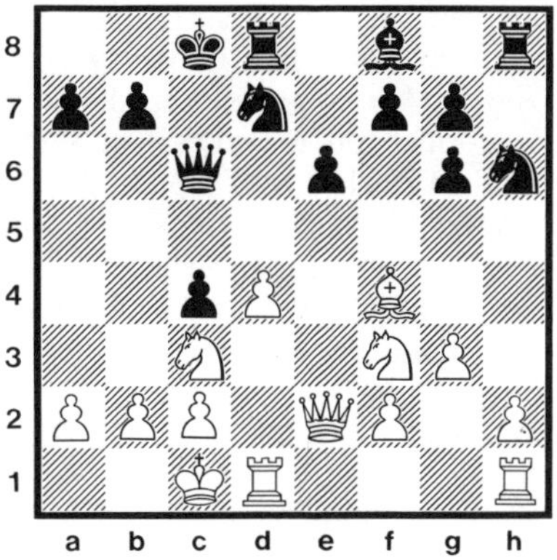

Stellung nach 15....Sh6

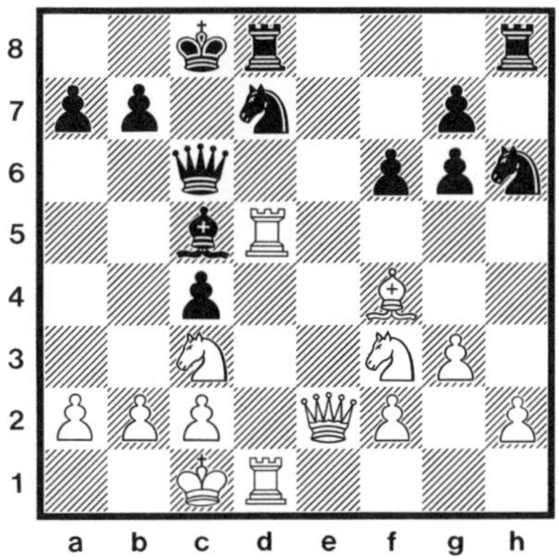

Stellung nach dem 18. Zug

wahrscheinlich, daß nach 18....The8 das einfache 19.Df1 den Verteidiger vor schwere Aufgaben gestellt hätte, weil neben dem eventuellen Se5 oder Sd4 das Erscheinen der Dame im gegebenen Moment auf der Diagonale c8-h3 sehr unangenehm sein kann. Auf 18....Te8 wäre die Antwort 19.Dd2 freilich am stärksten, was in Verbindung mit dem Aufmarsch von drei Schwerfiguren auf der d-Linie gleichfalls gefahrvoll wäre. Im Falle von 19.Dd2 Lb4 könnte Weiß nämlich mit 20.Dd4! den Punkten a7 und g7 gleichzeitig drohen, und Schwarz geriete nach 20....Lc3: 21.bc3:! in eine katastrophale Lage.
(Diagramm rechte Spalte)
19.Td6!!
Bei solch einer Konzentration der Kräfte der Figuren gibt es immer eine taktische Abwicklung . . .
20....Ld6: 21.Td6: Dc5 22.Td5!

Schwarz gab auf, denn 22....Dc6 folgt 23.Sb5, und gegen die Drohungen Sa7:† und Dc4:† ist kein Kraut gewachsen. 1:0

Die auf den entgegengesetzten Seiten plazierten Könige

In Mittelspielen, in denen die Könige nach entgegengesetzten Seiten rochiert haben, kann ein außerordentlich heftiger, an taktischen Wendungen reicher Kampf entstehen.
Diesen Mittelspieltyp teilen wir in zwei Hauptgruppen. Zuerst analysieren wir jenen Typ, wo die sich verteidigende Partei in einer Fianchettoaufstellung Widerstand leistet. Der im Fianchetto wirkende Läufer hat nicht nur an der Verteidigung, sondern auch am Angriff einen Löwenanteil.

Angriff auf die Fianchettoaufstellung

Karpow – Kortschnoi
Moskau 1975
1.e4 c5 2.Sf3 d6 3.d4 cd4: 4.Sd4: Sf6 5.Sc3 g6 6.Le3 Lg7 7.f3 Sc6 8.Dd2 0—0 9.Lc4 Ld7 10.h4 Tc8 11.Lb3 Se5 12.0—0—0 Sc4 13.Lc4: Tc4: 14.h5
Dieses Bauernopfer ist nicht nur korrekt, sondern früher oder später auch unvermeidlich. In diesem Mittelspieltyp haben beide Partner auf den entgegengesetzten Flügeln zu stürmen. Alles hängt von der Schnelligkeit ab. Die Öffnung der h-Linie ist sicherlich einen Bauern wert.
14....Sh5: 15.g4 Sf6 16.Sde2

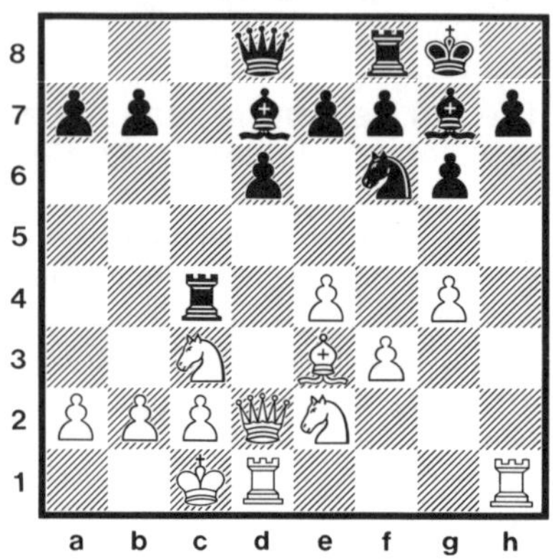

Stellung nach 16.Sde2

Das ist der sogenannte Drachenaufbau, der sich in der Sowjetischen Meisterpraxis – laut Statistik: 9:1 – als entscheidend vorteilhaft für Weiß erwiesen hat. Er wird jedoch von vielen angewendet, denn er verspricht ein an taktischen Wendungen reiches Mittelspiel. „Frisch gewagt ist halb gewonnen" lautet das Sprichwort. Im Schach, in der Strömung der wilden Kombinationen, kann der bessere Spieler den Sieg leichter erkämpfen.
16....Da5 17.Lh6 Lh6: 18.Dh6: Tfc8
Bereitet einen Fluchtwinkel für den König vor und steigert zugleich den Druck auf der c-Linie.
19.Td3 T4c5?
19....b5? hätte zum Verlust geführt wegen 20.g5 b4 21.gf6: ef6: 22.Sd5. Der Textzug pariert die Drohung g4-g5 und kontrolliert die 5. Reihe. Aber um welchen Preis? Die Entscheidung schwebt beinahe schon in der Luft, denn die schwarzen Schwerfiguren sind mit Schutzaufgaben überlastet. Die verhältnis-

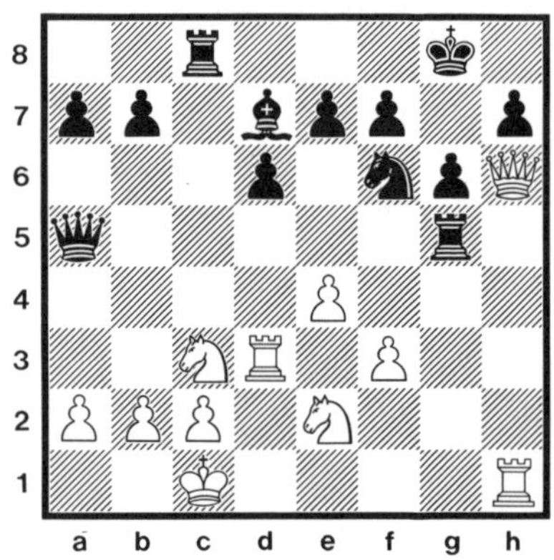

Stellung nach dem 20. Zug

mäßig beste Verteidigung war 19. . . .Le8 20.Sf4 De5! usw.

20.g5! Tg5:

(Siehe Diagramm Seite 58)

Die Verteidigung ist darum überlastet, weil sich der Gegenangriff an der anderen Seite noch gar nicht entwickeln konnte.

21.Td5!! Td5: 22.Sd5: Te8

Ebenfalls verliert auch die Fortsetzung 22....Dd8 23.Sf6:† ef6: 24.Sf4 (es droht Sh5!) 24....Tc5 25.Dh7:† Kf8 26.Dh8† Ke7 27.Sd5†

23.Sef4 Lc6 24.e5!

Eine sehr wichtige Liniensperrung, die den Mittelspielkampf entscheidet. Das sofortige 24.Sf6:†? ef6: 25.Sh5? Dg5† gäbe der Partie eine für Weiß ungünstige Wendung. Nach dem Textzug würde aber 24.... de5: 25.Sf6:† ef6: 26.Sh5! zum Gewinn von Weiß führen.

24. . . .Ld5: 25.ef6: ef6: 26.Dh7:† Kf8 27.Dh8†

Auf 27....Ke7 gewinnt jetzt 25.Sd5:† Dd5: 29.Te1†

Schwarz gab auf: 1:0

Angriff aus der Fianchettoaufstellung

In unserem folgenden Beispiel – in demselben Mittelspiel – bietet Schwarz im Interesse der Verstärkung der Verteidigung und der Beschleunigung des Gegenangriffs ein Figurenopfer an.

Tan – Mecking

Manila 1976

Mit unbedeutender Zugumstellung entstand die schon aus der vorigen Partie bekannte Diagrammstellung.

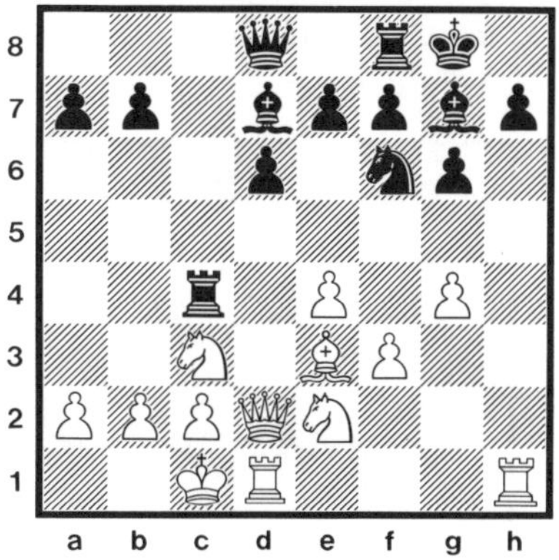

Stellung nach 16.Sde2

16....Te8!

Die Verbesserung im Mittelspiel! Schwarz bietet ein materielles Opfer an. Freilich nicht unentgeltlich!... Die Annahme des Opfers würde zu sehr zweischneidigem Spiel führen, z.B.:

a) 17.Lh6 Lh8! 18.De1 b5 19.b3 Tc8 20.Kb1 Da5 21.Lc1 b4 22.Sd5 Tc2:!∓

b) 18.e5 Sg4: 19.ed6: Sh6: 20.Dh6: Lg7 21.Dh7:† Kf8 22.Dh2 Lc6 23.Td3 ed6:∓

c) 19.fg4: Lg4: 20.ed6: ed6: 21.Dd6: Dd6: 22.Td6: Lg7 und die schwarzen Bauern sind bedrohlich.

d) 17.e5 Sg4: 18.fg4: Lg4: 19.ed6: Dd6: 20.De1 Da6 21.Td3 b5 22.Kb1 Lf5!

17.Ld4 Da5 18.Kb1 Le6 19.b3 Tc6 20.Sf4! Lb3:!

Der erste taktische Schlag.

21.cb3: e5 22.Sfd5
Oder 22.Scd5 Dd2: 23.Sf6:† Lf6: 24.Td2: ed4: 25.Tdh2 Tc3 usw.
22....Sd5: 23.ed5: Tc7 24.Dg5 ed4: 25.Se4

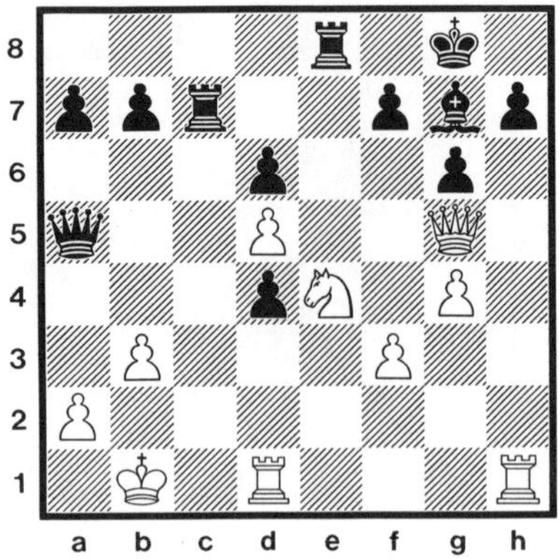

Stellung nach 25.Se4

25....d3!!
Ein vielseitiger Zug: er öffnet die große Diagonale, dann droht Te4: und Dc3. Das Schlagen des Bauern ist erzwungen, denn sonst entscheidet der Einbruch mit Tc2.
26.Td3: Tc2!
Beendet das Mittelspiel mit einem schönen taktischen Schlag.
27.Kc2: Da2:† 28.Kd1 Db1† 29.Ke2 Dh1: 30.Te3 Tc8! 31.Sf6† Lf6: 32.Df6: Dg2† 33.Kd1 Df1† 34.Kd2 Dc1† 35.Ke2 Tc2† 36.Kd3 Dd2† 37.Ke4 Db4† 38.Dd4 f5†
Weiß gab auf: 0:1
Die Lehre der beiden Partien: In solchem Typ des Mittelspiels ist die Schnelligkeit des Aufmarsches der entscheidende Faktor. Meistens gewinnt der, der schneller nach vorne kommt.

Der Schwung

Jetzt untersuchen wir aus diesem Themenkreis eine Partie, in der Weiß ohne Fianchettoaufstellung kurz rochiert hat. Der Erfolg – wie im allgemeinen im Falle der nach entgegengesetzter Seite rochierten Könige – hängt von der Verwundbarkeit der betreffenden Könige und von dem Schwung des Angriffs ab. In unserer Musterpartie können wir sehen, wie sich der erforderliche Schwung auswirkt.

Flesch – Dr. Négyesy
Budapest 1953
1.d4 d5 2.c4 c6 3.Sf3 Sf6 4.Sc3 e6 5.Lg5 dc4: 6.e4 b5 7.e5 h6 8.Lh4 g5 9.Sg5: hg5: 10.Lg5: Sbd7 11.ef6: Lb7 12.Le2 Db6 13.0—0 0—0—0 14.a4 Sc5?!
Zu jener Zeit wurde der Textzug für besser gehalten als 14. . . .b4, denn auf das letztere befürchtete man die Fortsetzung 15.Se4 c5 16.Dc2! (Nach 16.Db1?? wäre 16....Dc7 eindeutig für Schwarz günstig).
(Siehe Diagramm Seite 61)
Schwarz möchte mit Sd3 und Sb3 seinen Druck steigern. Auf das Schlagen des Springers folgte Dc7 mit der Doppeldrohung Dh2:+ und Td1: Damengewinn.
Der Anziehende kann jedoch mit dem Damenopfer seine Streitkräfte in Schwung halten.

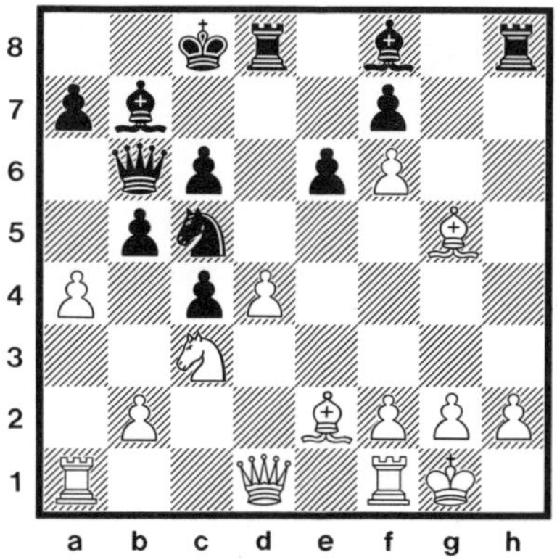

Stellung nach dem 14. Zug

15.dc5:!? Dc7 16.g3 Td1: 17.Tfd1: b4

Auf 17....Lc5: hätte eine lange und schöne Kombination den Wert des Vorpostens f6 erhöht: 18.Se4 Lb4 19.Lf4 e5 20.Lg4† Kb8 21.Td7 ef4: 22.Tc7: Kc7: 23.Sg5 fg3: 24.fg3: Tg8 25.h4 Ld2 26.Td1 Lg5: 27.Td7† Kb6 28.hg5: Tg5: 29.Tf7:! Tg4: 30.Tg7!

18.Lf4! Da5

Auf 18....e5 entscheidet 19.Lg4† Kb8 20.Td7

19.Se4 Lc5: 20.Lc4: Td8 21.Td8:† Kd8: 22.Td1† Kc8

Achtung! Auf 22....Ke8 folgte 23.Sc5: Dc5: 24.Lc7 mit Damengewinn oder Matt!

23.Ld6 Ld6:

Erzwungen, denn auf 23....Lb6 macht 24.Le6:†! den Weg des f-Bauern frei bis zur Umwandlung.

Wir können sehen, daß in dem schwungvollen Figurenspiel auch der f-Bauer aktiv behilflich ist.

24.Sd6:† Kc7 25.Le6:! fe6:

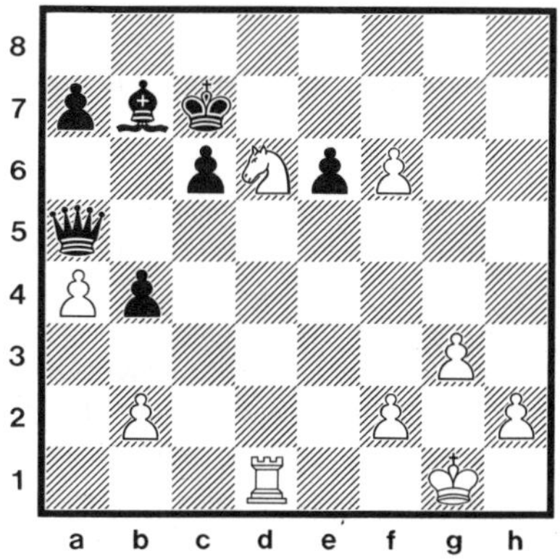

Stellung nach dem 25. Zug

Eine scharfe Stellung. Weiß ist scheinbar auf ein falsches Gleis geraten. Auf 26.f7? würde 26....Dh5 den Gang der Ereignisse wenden.

26.Sb5†!!

Der letzte Schlag, denn der Weg nach h5 wird dadurch abgeschnitten. Der „Schwung" ist noch stark genug, um nach 26....cb5: mit 27.f7 Db6 28.f8-Dc6 29.Dd8‡ dem vom Nachziehenden geplanten Mattsetzen vorzubeugen. Das Figurenopfer öffnet auf interessante Weise eine Linie, die in der Variante 26....cb5: 27.f7 Da4: 28.Tc1† zur Geltung kommt.

Schwarz gab auf: 1:0

III. Der Raum im Mittelspiel

Organisierung des Hinterlandes

Das Schach ist ein Kampfspiel. In diesem Kampf ist die Organisierung des Hinterlandes ebenso wichtig wie im echten Krieg.
Nicht die Größe des eroberten Gebietes, sondern dessen zweckmäßige Besetzung ist von entscheidender Wichtigkeit.
In unserer ersten Musterpartie hat der Anziehende aufgrund der Bauernkette einen minimalen Raumvorteil errungen, welcher durch die günstige Organisierung des Hinterlandes, d.h. die richtige Umgruppierung der Figuren im Hinterland entscheidend gesteigert wird.

Flesch – Vadász
Budapest 1971
1.d4 g6 2.c4 Lg7 3.Sf3 d6 4.g3 Sf6 5.Lg2 0—0 6.Sc3 Sc6 7.0—0 a6 8.d5 Sa5 9.Sd2 c5 10.Dc2 Tb8 11.b3 b5 12.Lb2 e5 13.Sd1! Lh6 14.Lc3 Lf5 15.e4 Ld7
Umstritten ist der von Boleslawski hier empfohlene sofortige Sprengungsversuch, der mit einem Qualitätsopfer verbunden ist. (16.f4?! ef4: 17.gf4: Sh5)
Weiß besitzt einen geringfügigen Raumvorteil. Obendrein sind die weißen Figuren besser postiert. Die Bauernketten sind zusammengestoßen (blockiert), und in derartigen Stellungen entscheidet den Ausgang der Schlacht, wer früher und wirksamer zu sprengen, d.h. eine Linie zu öffnen vermag.
Öffnet Schwarz die b-Linie, schlägt das zu seinem Nachteil aus, denn er findet dort keine Angriffsmarke, nur der Springer a5 macht dann mehr Sorgen.
Weiß hat ein vorgegebenes Spiel: Vormarsch des Bauern auf der f-Linie.
Darauf soll er das Hinterland gut vorbereiten. Schwarz bemüht sich freilich, den weißen Plan zu durchkreuzen.
16.Dd3 Sh5 17.De2!
Der Zweck des Zuges liegt darin, für den Fall der Sprengung mit f5 das Hängen des Springers aufrechtzuerhalten.
17....b4
Sperrt die b-Linie ab, auf der Schwarz nichts mehr zu suchen hat. Dann wird der Springer nach dem gefährdeten Königsflügel überführt.
18.Lb2 Sb7 19.Se3 a5 20.a4!
Weiß verläßt sich darauf, daß seine Initiative am Königsflügel infolge seines harmonischeren Hinterlandes erfolgreich wird. Sperrt also den Damenflügel ab.
20....De8!

Sichert anscheinend nur die Diagonale e8-h5. Das noch wichtigere Ziel des Textzuges besteht aber im Aufbau der Verteidigungsstellung mit Sd8-Tb7-Lc8.

21.Tae1

Ein späteres f4 wird wirksamer sein, wenn der Verteidiger auch die sich öffnende e-Linie befürchten muß.

21....Sd8 22.Kh1

Hinweg mit dem König von der g-Linie. Vielleicht wird eben diese Linie geöffnet?

22....Tb7 23.Dd1 Lc8

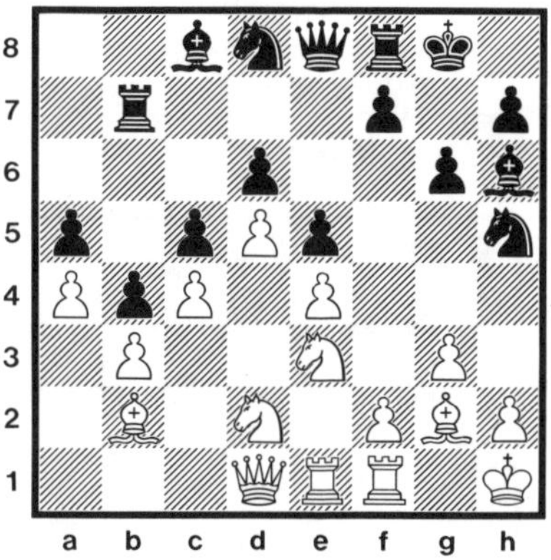

Stellung nach dem 23. Zug

Endlich ist das Hinterland von Weiß optimal eingerichtet worden. Weiß darf nicht mehr abwarten, denn Schwarz kann unterdessen seine Stellung nur verbessern.

24.f4!

Die Sprengung, die durch eine taktische Drohung möglich wurde: 24....ef4:? geht wegen 25.Sf5! nicht an.

24....f6 25.Lf3

Ein feines Bauernopfer! Droht wiederum Sf5.

25....ef4:

Erzwungen, denn z.B. auf 25....Sg7 wäre 26.Lg4! oder Sg4 gleichfalls sehr gefährlich. Jetzt beginnt eine lange Kombination.

26.Sf5 Sg3:† 27.hg3: gf5: 28.ef5: Dd7 29.g4 Lg5 30.Se4 h6

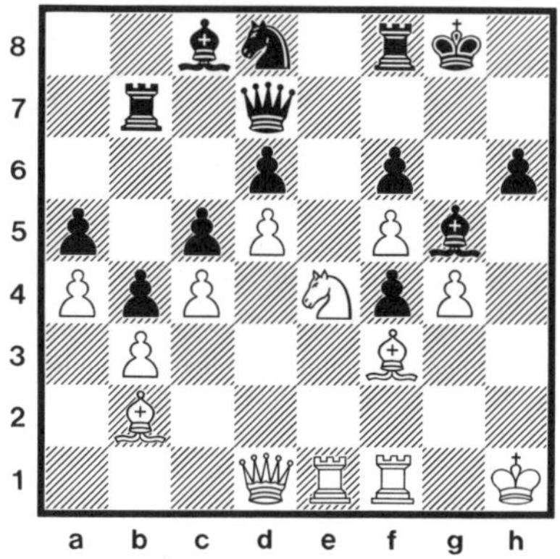

Stellung nach dem 30. Zug

Auf dem Wege des Bauernopfers kam der Anziehende zu einer zentralen Springerbasis, von der aus er alle schwachen Punkte aufs Korn nehmen kann. Die Aufgabe des Angreifers liegt darin, entweder auf der e- oder auf der h-Linie einen Einbruch vorzubereiten.

31.Te2 Kg7 32.Da1 Dc7 33.Tfe1 Lh4

Jetzt fängt das Feuerspiel an!
(Siehe Diagramm Seite 64)

34.Th2 Le1:

Auf 34....Lg5 zieht Weiß 35.Sg5:!

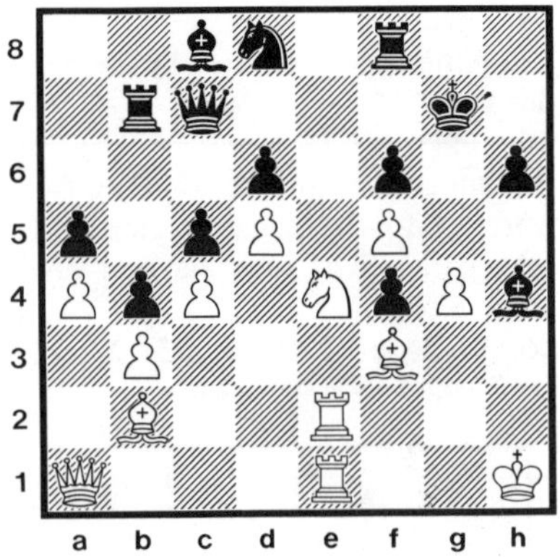

Stellung nach dem 33. Zug

hg5: 36.Th5 und die Drohung Tg5: ist nicht zu parieren. Eine noch schönere Variante: 34....Lg5 35.Sg5: hg5: 36.Lf6:† Tf6: 37.Th6! Df7 (37....Kh6: 38.Df6:† Kh7 39.Dg6† Kh8 40.Te8‡) 38.Tg6† usw.

35.Lf6:† Kh7 36.De1:
Jetzt droht Th6:† nebst Dh4‡.

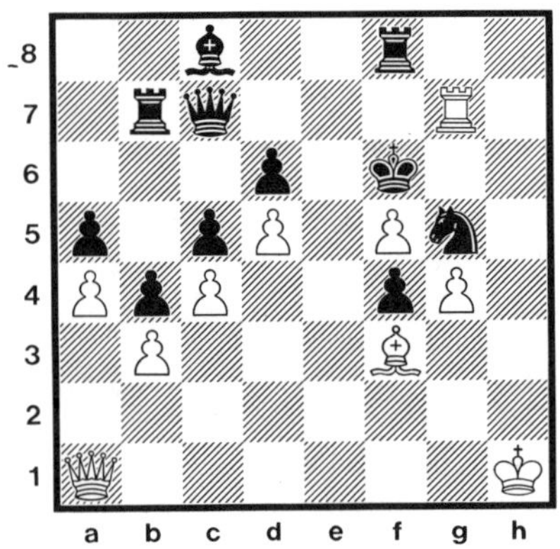

Schlußstellung

36....Sf7 37.Sg5†! Sg5: 38.Th6:† Kg8 (38....Kh6: 39.Dh4‡) **39.Tg6† Kf7 40.Tg7†!! Kf6: 41.Da1‡**
(Diagramm linke Spalte unten)

In engerem Raum – mit günstigem Hinterland

In unserem nächstfolgenden Beispiel möchten wir demonstrieren, daß das gut organisierte Hinterland auch bei engerem Raum als der entscheidende Faktor gilt.

Csom – Kortschnoi
Ungarn 1965
1.d4 Sf6 2.c4 g6 3.d5

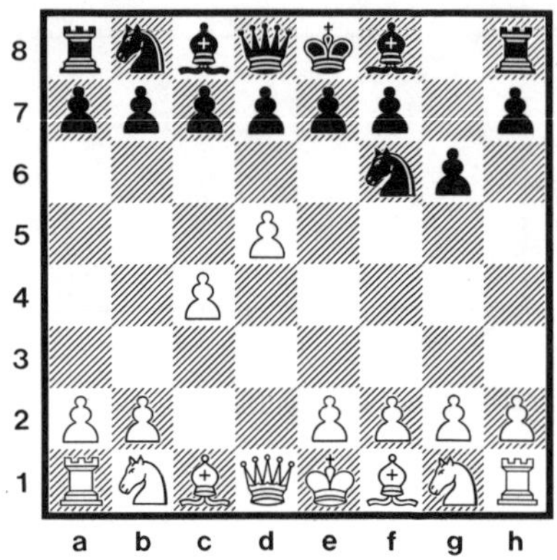

Stellung nach 3.d5

Das ist ein Einfall des ungarischen Schachspielers. Er setzt sich zum Ziel, baldmöglichst zu einem Raumvorteil zu kommen. Die Überschreitung der Halbierungslinie ist aber immer gründlich zu erwägen, weil der frühzeitig vorrückende Bauer vom Deckungskreis seiner eigenen Figuren immer weiter entfernt wird. Auf der anderen Bretthälfte ist der Gegner ganz „zu Hause", es kann also leicht vorkommen, daß der tapfere Vorposten plötzlich einer Übermacht gegenübersteht.

3....Lg7 4.Sc3 0—0 5.e4 d6 6.Le2 c6!

Den vorgestoßenen d-Bauern muß Schwarz beunruhigen. Schwarz hat sich sonst vorbereitet, nötigenfalls eine Linie öffnen zu können.

7.Le3 a6

Falls der Gegner in der Mitte überlegen ist, müssen wir die Aktionen an den Flügeln einleiten. Der Vormarsch des b-Bauern droht mit der Liquidierung der um den Preis eines Tempos ausgebauten zentralen Bauernstruktur von Weiß.

8.a4 a5!

Ein nützlicher Tempoverlust! Falls wir uns in einem engeren Raum bewegen, ist jeder Stützpunkt im Hinterland des Gegners besonders wertvoll.

9.g4 Sa6!

Die b-Linie wurde für die schwarze Dame und die schwarzen Springer gesichert!

10.f4 Sd7

Der Aufmarschplatz des Nachziehenden ist der Damenflügel. Die Kraft des auf der sich öffnenden Diagonale steckenden Läufers übt auch darauf eine Wirkung aus.

11.h4

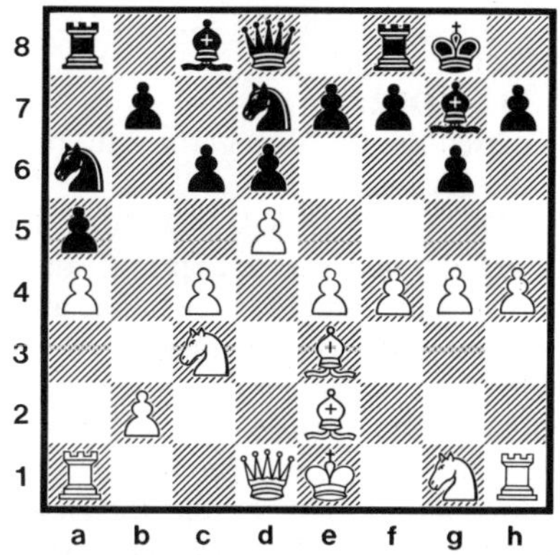

Stellung nach 11.h4

Der Anziehende war mit seiner Stellung augenscheinlich sehr zufrieden. „Solch einen großen Raumvorteil hat Kortschnoi seinem Gegner geschenkt?" – sagten die Zuschauer. „Dürfte er den Partner unterschätzt haben?"

Der junge Ungar dachte gewiß nicht daran, daß er nur 5 (fünf!) Züge bis zur Aufgabe der Partie übrig hat.

11....Sdc5!

Es droht 12....Lc3:† nebst 13....Se4: mit entscheidendem Material- und Positionsvorteil.

12.Lf3 Db6!

Wie soll Weiß den Bauern b2 dekken, der als Stützpunkt des im Zentrum hochwichtigen Springers dient? 13.Th2 könnte mit Db4! beantwortet werden, und dann der Fall des Bauern c4, ferner das Eindringen des Springers über die Punkte b3 und d3 hätten noch schwere Folgen.

Csom geriet jedoch nicht in Verzweiflung und stellte seinem Gegner eine „Falle“.

13.De2 Db2:!!

Kortschnoi ist also gerne „in die Falle gegangen“.

14.Db2: Sd3† 15.Kd2 Sb2: 16.Le2

Wie kann sich jetzt der Springer retten? Csom stand in guter Laune auf und ging ans Büfett hinaus, wo er von den Kiebitzen begeistert beglückwünscht wurde.

Als er aber zum Brett zurückgekehrt war, mußte er die folgende unangenehme Überraschung erleben.

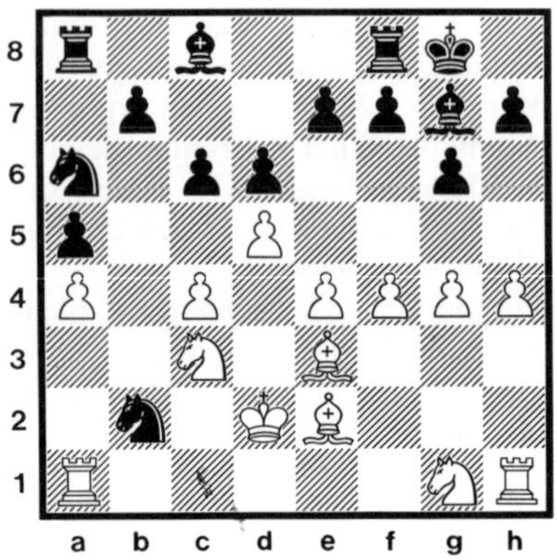

Stellung nach 16.Le2

16....Lg4:!!

Auf 17.Lg4: Sc4:†, oder auf 17.Lf1 Lc3:† 18.Kc3: Sd1† gewinnt.

Die Stellung des Angreifers ist hoffnungslos zusammengebrochen. Wo ist der Raumvorteil hingekommen?!

Weiß gab auf: 0:1

Die Lehre der Partie besteht darin, daß der Raumvorteil, der *Raum* in sich wertlos ist, falls die Harmonie des *Materials* fehlt. Die *Zeit* „arbeitet“ für den Spieler, der, obwohl auf engem Raum, ein gut organisiertes Hinterland besitzt.

Die Lagerung der Streitkräfte am Schlachtfeld

Das Schachbrett ist jedenfalls als ein Schlachtfeld anzusehen, auf dem die Lagerung der einander gegenüberstehenden Kräfte, den verschiedenen strategischen Zielen entsprechend, oft nicht gleichmäßig ist. Die ungleichmäßige Verteilung der Truppen ergibt so hier ein Übergewicht, dort aber eine Minderheit. Die „wirtschaftliche“ Spielführung besteht darin, daß wir mit kleinerem Material mehr gegnerische Kräfte aufhalten müssen. Die dadurch frei bleibenden eigenen Kräfte sollen wir aber so bald als möglich auf einem anderen Schlachtfeld einsetzen. So kann sich eine Übermacht formen. Wenn der Verteidiger das nicht zu verhindern vermag, kann er zwischen zwei Reaktionen wählen: 1.) Durch eine am anderen Schlachtfeld eingeleitete Aktion den gegnerischen Angriff bezähmen. 2.) Durch Überführung von Schutzfiguren den gefährdeten Kampfplatz entlasten.

Kann der Verteidiger die oben beschriebenen Aufgaben nicht lösen, ist das mit dem Fiasko der Strategie gleichbedeutend! Es ist zwar wahr, daß die Verteidigung im Prinzip kleinerer Kräfte bedürfte, aber das Übergewicht kann – im Falle eines harmonischen Zusammenspiels – durch Kombinationen den Widerstand des Gegners überwinden. Besonders gefährlich ist die Übermacht in der Nähe des Königs, wie das mit unserer nächsten Musterpartie demonstriert wird.

Martz – Csom
Skopje 1972
1.c4 Sf6 2.d4 e6 3.Sc3 Lb4 4.f3 c5 5.d5 Lc3:† 6.bc3: Sh5 7.g3 f5 8.e4 f4 9.Se2 e5 10.Lh3 0—0 11.0—0 d6 12.Lg4 fg3:!

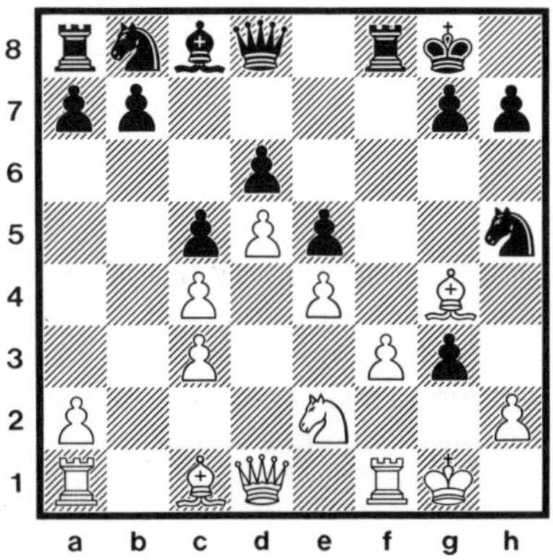

Stellung nach dem 12. Zug

Ein „positionelles“ Figurenopfer, das sich die Sicherung des schwarzen Übergewichts am Königsflügel zum Ziel setzt.
13.Lh5: gh2:† 14.Kh1!
Die Abzweigung 14.Kg2 wird mit einer feinen Ablenkung widerlegt:

a) 14....Dh4! 15.Lg4 Lg4: 16.fg4: h1D†! 17.Th1: Df2† 18.Kh3 Tf3 führt zum Matt.
b) 15.Sg3 Lh3† 16.Kf2 Lf1: 17.Df1: g6! 18.Lh6 Tf6 19.Dg2 gh5: 20.Ke2 Tg6 und Schwarz gewinnt.
14....Dh4 15.Lg4 Lg4: 16.fg4: Sd7
Es ist wert, über der Diagrammstellung lange zu brüten: Weiß muß der Aktion von Schwarz ohnmächtig zusehen, obwohl er eine Mehrfigur hat!

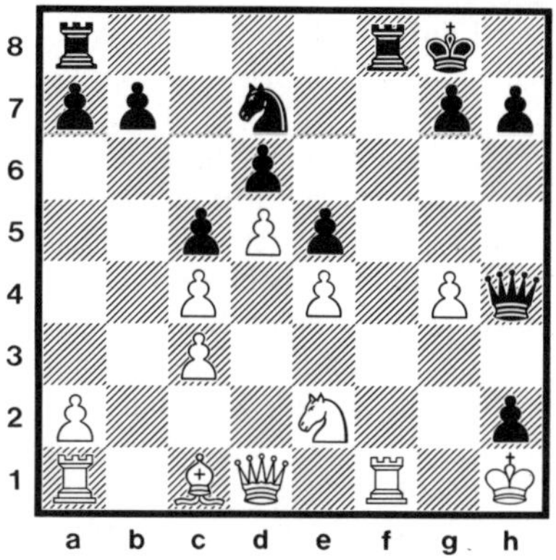

Stellung nach dem 16. Zug

Sind die allgemeine Regelmäßigkeiten des Schachs vielleicht für diese Stellung nicht gültig?
Aber ja! Durch das Nachspielen der Partie sieht der Leser, daß das Schicksal der Schlacht im rechten unteren Quadrat des Brettes entschieden wird. Das sollen wir erwägen und dann können wir feststellen, daß Weiß auf diesem Abschnitt des Schlachtfeldes dem immer stär-

ker drohenden Aufmarsch der schwarzen Streitkräfte nichts entgegensetzen kann.
Die Nachschublinien von Weiß sind an mehreren Stellen „verrammelt", seine Figuren stehen einander im Wege und vermögen an den kritischen Punkten nicht zur rechten Zeit zu erscheinen.
Der weiße Springer ist lahmgelegt, hat keinen nützlichen Zug. Verderblich droht der Turmtausch und dann der Einsatz des Turmes a8 über f8.
Der Läufer c1 kann nur ins Wasser schlagen, da der schwarze Springer ihm ausweichend über die weißen Felder näherkommt. Im Falle einer „Schachaufgabe" würde man den Läufer c1 eine „schädliche Figur" nennen, denn er behindert die Verbindung der weißen Schwerfiguren auf der Grundlinie. Den Läufer muß Weiß ziehen, weil, falls Weiß mit 17.g5 die Annäherung des schwarzen Springers zu behindern versucht, der gegnerische Turm auf der f-Linie in die weiße Stellung eindringt. Z.B. 17.g5 Tf1:† 18.Df1: Tf8 19.Dg2 Tf2 20.Dg3 Tf1† 21.Kg2 h1D matt.
Der Läufer kann aber nur einen passiven Zug machen, und zwar Lb2 oder La3, weil das aktivere Le3 eine Fesselung zur Folge hätte. Z.B. 17.Le3 Sb6 18.Dd3 Dh3 19.Tf8:† Tf8: und jetzt vermag Weiß den drohenden Figurengewinn 20....Tf3 nur mit 20.Te1 zu parieren, aber darauf folgt 20....Tf2 mit Matt oder Damenverlust. Der häßlich aussehende folgende Textzug ist also erzwungen.

17.Lb2 Tf1:† 18.Df1: Tf8

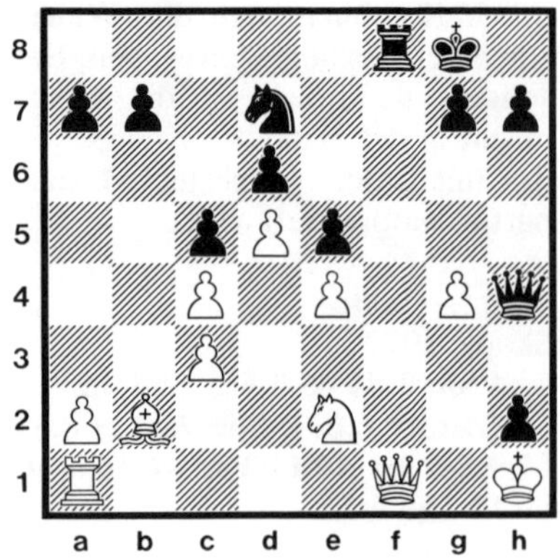

Stellung nach dem 18. Zug

Auf 19.Dg2 gewinnt jetzt 19....Tf2 20.Dg3 Dg3 21.Sg3: Tb2: Deshalb meinten die Analytiker, daß 17.La3 besser gewesen wäre. Der Leser soll die Diagrammstellung mit der Stellung, in der der Läufer auf a3 steht, vergleichen. Im Falle von 17.La3 würden sich jetzt die folgenden Gewinnmöglichkeiten ergeben:
a) die „lyrische Variante": 19.Dg2 Tf2 20.Dg3 Df6 21.Dd3 Sb6 22.Te1 Tf3 23.Dd1 Sc4: 24.Lc1 Te3! 25.Tf1 Dg6 26.Dc2 Dg4: 27.Tf2 Te2:! 28.De2: Dg1‡
b) die „prosaische Variante": 21....Sf8 22.Te1 Sg6 23.Lc1 Sh4! und gewinnt, da Tf1†! droht.
Nun stellen wir den weißen Damenläufer auf b2 zurück und setzen die Partie nach 18.Df1: Tf8 fort.
19.De1 Dh3 20.Td1 (Falls 20.Dg3,

so Tf1† usw.) **20....Tf3 21.g5** (Gegen Sf6-Sg4) **21....Sf8!**
Die weiße Stellung liegt im Sterben, weil Weiß zwar eine Mehrfigur besitzt, aber – das ganze Brett berücksichtigend – auf dem Platz der entscheidenden Schlacht, am Königsflügel, das schwarze Übergewicht das Schicksal des weißen Königs besiegelt.
22.Sc1 Sg6 23.Dd2 Sf4 24.g6 Sh5 25.gh7:† Kh8!! 26.Se2 Tf2
Weiß gab auf: 0:1

Das Spiel auf dem ganzen Brett

Da das Schach ein Kampfspiel ist, kann das Schachbrett als ein großes Schlachtfeld angesehen werden. Die Schlachten toben in einer Partie manchmal nur auf einem Teil des Brettes (z.B. im Zentrum oder auf irgend einem Flügel) und dort wird auch die Entscheidung herbeigeführt. Oft kommt aber auch der Fall vor, daß die Gegner im Mittelspiel auf abwechselnden Kampfplätzen zusammenstoßen. Angriff und Verteidigung haben den Kampf auf nacheinanderfolgenden Gebieten zu bestehen. Diese Abwechslung kann sich sogar mehrmals wiederholen. Diese Kampfmethode bedarf einer großen Umsicht, denn man muß die Kräfte zwecks eines Einsatzes auf einem anderen möglichen Schlachtfeld auch in Reserve haben. „Spiel auf dem ganzen Brett“ bildet eine der schwersten strategischen Aufgaben, die meistens einen inhaltsreichen Kampf verspricht.
Solch einen illustriert auch die folgende Partie:

Flesch – Kortschnoi
Belgrad 1964
1.e4 c5 2.Sf3 Sc6 3.d3 Sf6 4.g3 d5 5.e5 Sd7 6.De2 e6 7.Lg2 Dc7 8.Lf4 g6 9.0—0 Lg7 10.Te1 a6

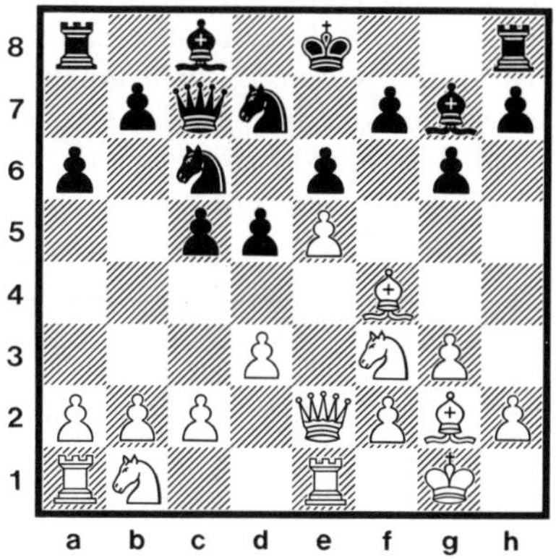

Stellung nach dem 10. Zug

Schwarz beeilt sich nicht mit der Rochade. Er ist bestrebt, am Damenflügel mehr Raumvorteil zu erzielen, damit die gegnerischen Streitkräfte vom Aufmarsch gegen den Königsflügel abgelenkt werden.
11.a4
Anstatt des schablonenhaften Spiels am Königsflügel trachtet der Anziehende danach, den Bauernvormarsch von Schwarz am Damenflügel zu verlangsamen.
11....b6 12.Sc3!
An Stelle des üblichen Zuges Sbd2

erscheint der Springer auf einem unerwarteten Punkt. Droht 13.Sd5: ed5: 14.e6 mit unmittelbarem Gewinn.

12....Sb4 13.Sd1!

Auf c3 hatte der Springer schon nichts mehr anzufangen, trachtet also nach den schwachen Punkten f6 und h6.

Im Falle eines geschlossenen Bauerngefüges von langen Bauernketten, falls eine Linien- oder Diagonalöffnung vorläufig nicht möglich ist, spielen die Springer die Hauptrolle, d.h. sie haben die gegnerische Stellung aufzulockern.

13....Lb7 14.c3 Sc6

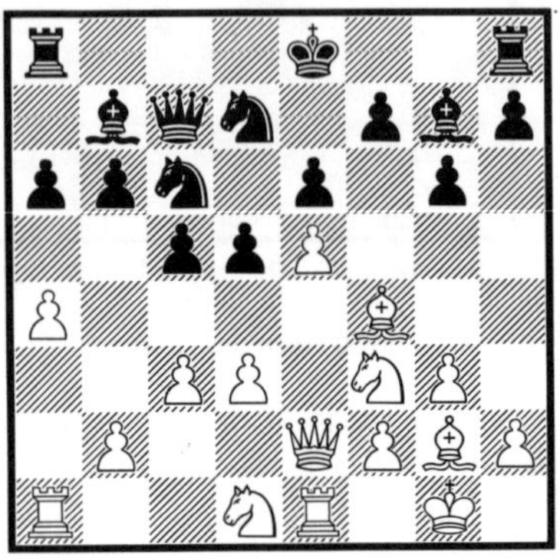

Stellung nach dem 14. Zug

15.Se3

Wiederum droht das Schlagen auf das zentrale Feld d5.

15....Se7 16.Sg4

Der Schwerpunkt des Kampfes wurde auf den Königsflügel verschoben.

16....Sg8

Kortschnoi durfte auf das Risiko mit 16....0—0 nicht eingehen, denn danach entstände – in der Fußballsprache ausgedrückt – ein „Spiel auf ein Tor".

17.Sf6†! Kf8!

17....Lf6:? 18.ef6: Dc6 19.Se5! Se5: 20.De5: bedeutete einen sehr einfachen Verlust für Schwarz, weil der Springer im Gefängnis bleibt. Nicht besser ist 17....Lf6:? 18.ef6: Dc8, denn darauf folgt 19.Sg5 Sgf6: 20.Sf7: Kf7: 21.De6:† Kg7 22.De7† Kg8 23.Lh6 mit unabwendbarem Mattangriff. Oder 19....Sdf6: 20.Lh3! und den Punkten e6 und f7 drohen entscheidende Opfer.

18.Sg5 Lf6: 19.ef6: Dc6

19....Dc8? 20.Sf7: und gewinnt.

So kann Schwarz noch die Hoffnung hegen, daß er nach der Eroberung des Bauern f6 für seinen König auf g7 einen guten Platz findet.

Das heftige Figurenspiel ist zu Ende, wobei in 18 Zugpaaren 14 Springerzüge geschahen! In solchen Situationen, in denen eine Aktion bereits erschöpft ist, darf man sie nicht mehr forcieren. Es ist dann ratsamer, auf einem anderen Punkt des Brettes eine neue Front zu eröffnen.

(Siehe Diagramm Seite 71)

20.b4!

Sprengung am Damenflügel! Nach dem naiven 20....cb4: 21.cb4: würde der weiße Turm freilich in die 7. Reihe auf der c-Linie eindringen.

Kortschnoi hat aber entdeckt, daß

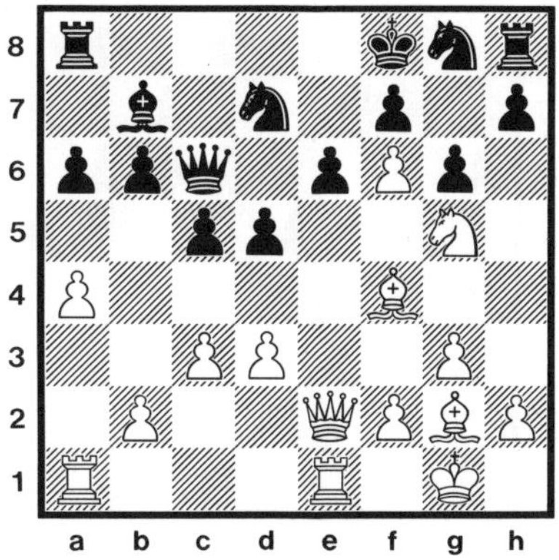

Stellung nach dem 19. Zug

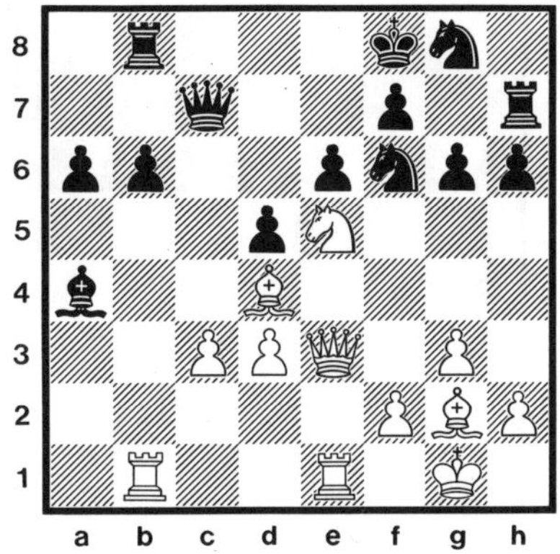

Stellung nach dem 27. Zug

im Zug 20.b4! auch ein andersartiges Gift verborgen ist: 20....Sgf6: 21.b5!! ab5: 22.ab5: Dc8 23.Ta8: La8: 24.Sf7:! Kf7: 25.De6:† Kg7 26.De7† Kg8 27.Lh6 und gewinnt.

20....Sdf6:!21.bc5: h6 22.Sf3 Dc5:

22....bc5: kommt gar nicht in Frage, denn nach 23.Le5 dringen die Schwerfiguren auf der b-Linie ein.

23.Le5

Wir sind wieder ins Zentrum zurückgekehrt, wo Weiß den Druck zu erhöhen versucht, damit die in zwei Teile gerissene Verteidigung die Verbindung nicht wiederherstellen kann.

23....Th7 24.Ld4 Dc7 25.Se5 Tb8

25....Se8? 26.Lb6:!

26.Tab1 Lc6 27.De3 La4:

(Diagramm rechte Spalte)

28.Df4!

Viel stärker, als das Schlagen des Bauern b6. Jetzt muß sich Schwarz gegen den sofortigen Gewinn mit 29.Sd7† bzw. 29.Sg6:† fg6: 30.Le5 wehren.

28....Kg7 29.h4 h5 (Sonst g4-g5) **30.Te3!**

Wiederum gegen den Königsflügel! Die Kraft der von der Diagonale d4-h8 ausgehenden gefahrvollen Fesselung wird durch den Aufmarsch der Schwerfiguren auf der f-Linie gesteigert. Der Textzug ist zugleich eine Falle. Beinahe verlockt er den Gegner, der lange gedrückt ist, mit Sh6-f5 die f-Linie abzusperren und den Läufer d4 anzugreifen. Es lohnt sich zu untersuchen, was 30....Sh6? zur Folge gehabt hätte.

(Siehe Diagramm Seite 72)

31.Df6:†!! Kf6: 32.Sc6† e5 33.Te5:!

a) 33....Dc6: 34.Te3† Kf5 35.Tbe1 g5 36.Te5† Kg6 37.Tg5:‡

b) 33....Sf5 34.Tf5:!! Kf5: 35.Lh3‡

So wie das Spitzentischtuch seine Vollkommenheit aus dem Fehlenden bezieht, so würden im Schach

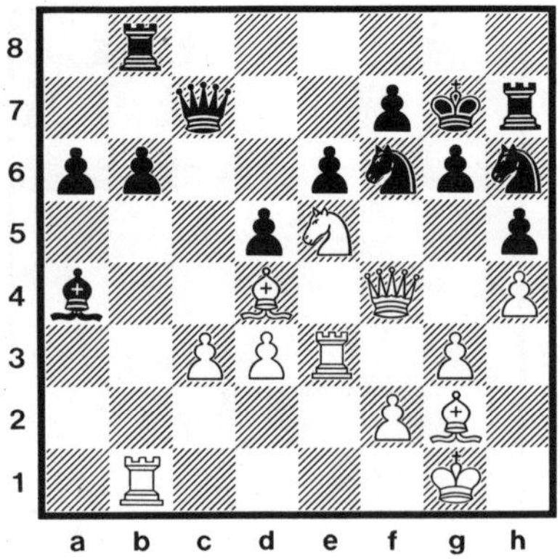

Eventualstellung

und im Leben die „verpaßten Gelegenheiten" – würden sie ausgenützt – erst die Dinge vollkommen machen.

30....Tb7 31.Tf3 Kf8

Die Fesselung auf der großen Diagonale a1-h8 wurde bereits unerträglich.

32.Ta1!

Jetzt fällt Weiß über den Damenflügel her.

32....b5

Schließt seinen Läufer aus, aber es wäre noch gefährlicher gewesen, den Turm nach a6 zuzulassen.

33.Dg5 Ke8

(Diagramm rechte Spalte oben)

34.c4!

Sprengung im Zentrum, wenn die Lage der Verteidigung an beiden Flügeln bis aufs Platzen gespannt ist. Jetzt leitet auch der andere Läufer auf der Diagonale a8-h1 eine Aktion ein.

34....Dd8 35.Sc6 Dc7 36.Sb4!

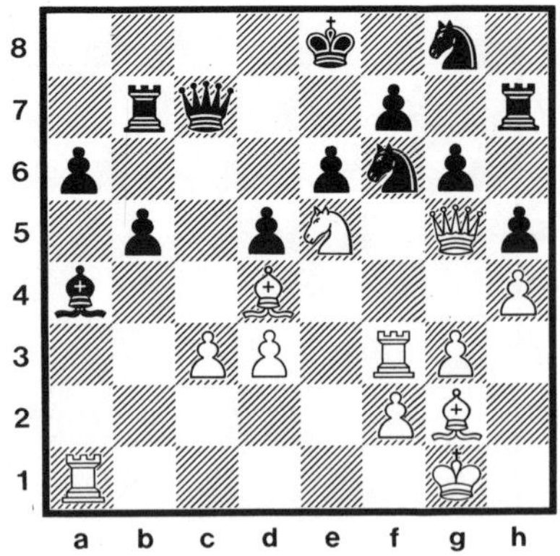

Stellung nach dem 33. Zug

Der Anziehende, der nur ein Jahr Turnierpraxis hinter sich gehabt hatte, suchte an Stelle des praktischen Sieges nach dem Schönen...

36....Sg4 37.cd5: De7 38.Dd2! e5 39.Sc6 Dd6 40.Se5: Se7 41.Sg4: hg4: 42.Te3 Kd7 43.Le5 Db6

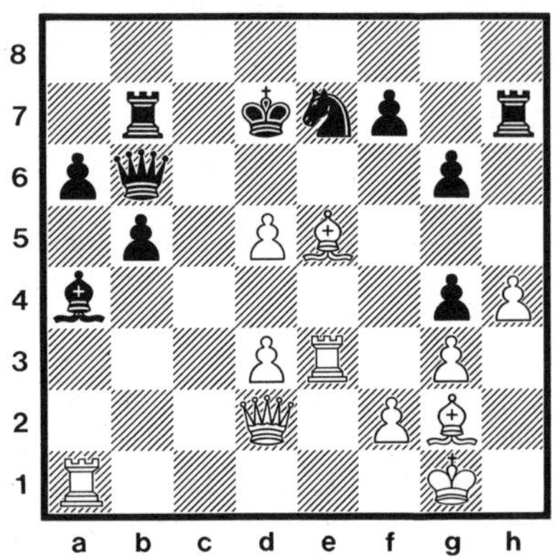

Stellung nach dem 43. Zug

Die Abbruchstellung, die trotz des

materiellen Gleichgewichts für Schwarz nachteilig ist.
44.d6 Sc6 45.Lf4 Th5 46.d4 Tf5 47.Lc6:† Dc6: 48.Tc1 Db6 (48....Dd5 49.Te7† Kd8 50.Da5†) **49.Te7† Kd8 50.Dc3!**
Entweder 50....Te7: 51.Dc8‡ oder 50....Tb8 51.Dc7† und gewinnt.
Schwarz gab auf: 1:0

Das symmetrische Plazieren im Raum

Im Schach sind das *Material,* der *Raum* und die *Zeit* miteinander in Wechselwirkung. Vergebens sind das aufmarschierte Material und der besetzte Raum der Gegner im Gleichgewicht, begünstigt der dritte Faktor, die Zeit, den Anziehenden der am Zuge ist, bis die Symmetrie aufrechterhalten wird. Wenn wir das gut durchdenken, werden wir es für natürlich halten, denn der Anziehende zieht in jeder Situation zuerst. Falls das nutzbar gemachte Tempo nur winzige Drohungen mit sich bringt, muß es früher oder später einen positionellen Vorteil ergeben.
Das symmetrische Plazieren im Raum wird jedoch von vielen und oft angewendet; der Nachziehende hegt die Hoffnung, daß sein Positionsnachteil im Mittelspiel so minimal sein wird, daß er ihn gut ertragen kann.
Der symmetrische Aufmarsch im aus den Eröffnungen von offenem Charakter entstehenden Mittelspiel ist besonders gefährlich, denn z.B. ein einziges Schachgebot kann das Gleichgewicht stören. Der König kann in Gefahr geraten und wenn er mattgesetzt wird, darf der Gegner es – im Sinne der Spielregeln – nicht mit einem „Gegenmatt" entgelten...
Ein abschreckendes Beispiel: **1.e4 e5 2.Sf3 Sc6 3.Sc3 Sf6 4.Lc4 Lc5 5.d3 d6 6.0—0 0—0 7.Lg5 Lg4 8.Sd5 Sd4 9.Dd2! Lf3:** (9....Dd7 führt zur Partiefortsetzung zurück.) **10.Lf6: Dd7**
Falls 10....gf6:, so 11.Dh6 und die Drohung 12.Sf6 ist nicht zu parieren.

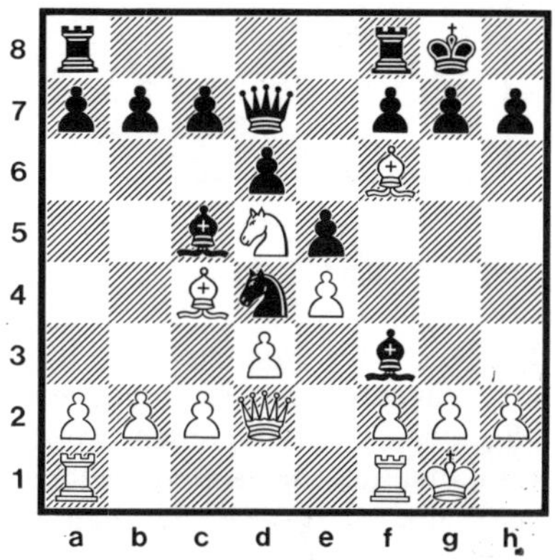

Stellung nach dem 10. Zug

11.Se7† Kh8 12.Lg7:† Kg7: 13.Dg5† Kh8 14.Df6‡
Je geschlossener der Charakter der Stellung ist, desto mehr Chancen bietet er auf Ausgleich. Aber die Sorgen des Nachziehenden können auch in den geschlossenen Systemen nicht völlig beseitigt werden.

Das wird durch die nun folgende Partie illustriert.

J. Flesch – A. Geller
Leningrad 1962
1.Sf3 Sf6 2.g3 g6 3.Lg2 Lg7 4.0—0 0—0 5.c4 c5 6.Sc3 Sc6 7.d3 d6 8.Ld2 a6 9.Se1

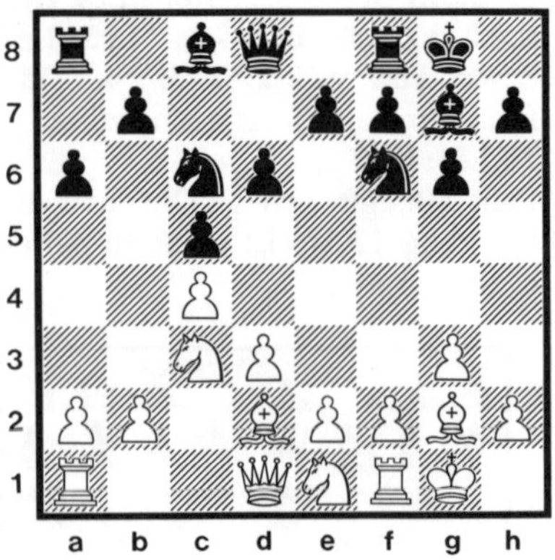

Stellung nach 9.Se1

Im Falle eines symmetrischen Bauerngefüges soll man die Initiative im allgemeinen dort ergreifen, wo die Bauernketten ineinandergeschoben sind, also im vorliegenden Fall am Damenflügel. Darum trachtet der Springer jetzt nach dem Damenflügel. Infolge seines Fortganges öffnet sich die große Diagonale, die die schwarze Gegenaktion bändigt und auf den gegnerischen Damenflügel einen Druck ausübt.

9....Tb8!

Schwarz vermag nur mit Zugumstellung die Symmetrie aufrechtzuerhalten.

10.Sc2 Ld7 11.a3 b5 12.cb5: ab5: 13.b4 cb4:

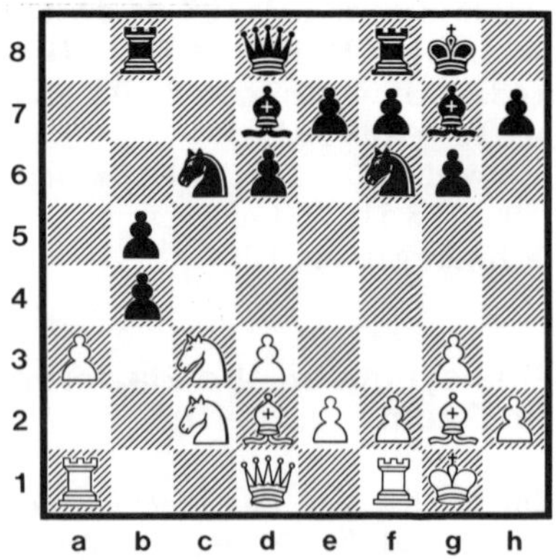

Stellung nach dem 13. Zug

14.Sb4:!

Der Druck auf den Punkt c6 und auf die große Diagonale bedeutet schon einen gewissen Positionsvorteil.

14....Sa5

Der Tausch auf b4 wäre für Schwarz ungünstig, denn die große Diagonale und die a-Linie werden von Weiß kontrolliert.

15.Tb1

Weg von der großen Diagonale! Der Turm nimmt den schwachen Bauern b5 aufs Korn.

15....e6 16.e3 h5 17.De2 Sg4

Auf 17....De7 steigert 18.Sa6 Tb6 19.Sc7 Tfb8 20.S3d5! Sd5: 21.Sd5: ed5: 22.La5: den weißen Vorteil.

18.Tfc1 d5

Jetzt schlägt Weiß aus dem Qualitätsunterschied zwischen den Springern Kapital.

19.Sa6! Tb6 20.Sc5 Sb7 21.S3a4!

Auch der Unterschied zwischen den Türmen wird in die Waagschale geworfen... Auf 21....ba4:? wäre 22.Sb7: tödlich.

21....Sc5: 22.Sc5: Tb8

Was kann Schwarz anderes tun? Es drohte 23.La5 mit Eroberung einer Qualität.

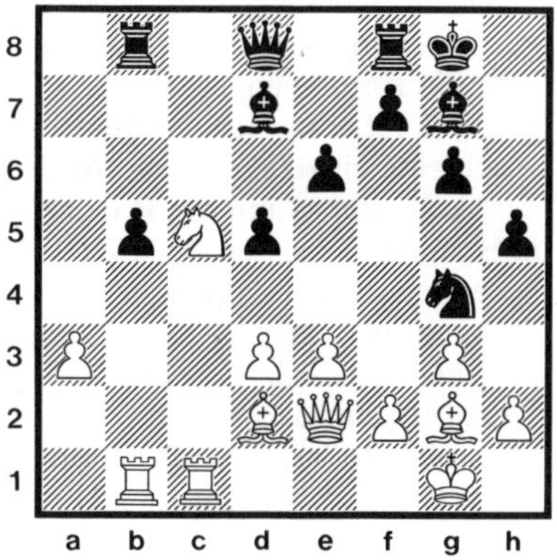

Stellung nach dem 22. Zug

23.La5!!

Gewinnt mit einfachen Mitteln eine Qualität! Jetzt folgte auf 23....De7 die Erwiderung 24.Lb4! und von den zwei weißen Drohungen, Sd7: vermag Schwarz höchstens die eine zu parieren.

Die Abwicklung:

23....Da5: 24.Sd7: Da3: 25.Sb8: Tb8: 26.d4 Lf8 27.Tc7 Da5 28.Tbc1 Sf6 29.Lf1 b4 30.Da6! Da6: 31.La6: Se4 32.Tc8 Tb6 33.T1c6 Tc6: 34.Tc6: Kg7 35.Kf1 Sc3 36.Ld3 Kf6 37.Tc7 Ld6 38.Td7 Lf8 39.Ke1

Das Endspiel ist hoffnungslos...

Schwarz gab auf: 1:0

Die zurückgehaltene Frontlinie

Es gehört zu den modernsten Mittelspielideen, absichtlich bzw. freiwillig eine zurückgehaltene Frontlinie aufzubauen. Diese Methode wird meistens mit den schwarzen Steinen angewandt.

Der Nachziehende besetzt in diesem Sinne nur einen Teil des zur Verfügung stehenden Raumes. Auf diese Weise kann er seine Entwicklung verhältnismäßig ruhiger vollenden, er hat sich ja nicht um die Behauptung der Mitte zu kümmern und wartet in einem engeren, jedoch gut organisierten Hinterland den Angriff des Gegners ab.

In diesem Fall kann der Anziehende vor der völligen Entfaltung seiner Streitkräfte keine Aktion auf der Bretthälfte des Verteidigers versuchen, da ein Aufmarsch mit unzureichenden Kräften im Mittelspiel unbedingt zum Fiasko führen würde.

Die Aufgabe des Angreifers ist also keinesfalls leicht. Nur nach einer gründlichen Vorbereitung kann er seinen Raumvorteil mit großer Vorsicht steigern, um ihn später in einen positionellen Vorteil umwandeln zu können.

Der Verteidiger setzt seine Hoffnungen darauf, daß er die Angriffskräfte mit „Sprengungen“ abzuweisen vermag. Gelingt dieser Plan, dann können die Angreifenden auch in die Klemme geraten.

Diese sehr interessante Idee ist es

wert, auch von den Lesern in der Praxis erprobt zu werden.
Betrachten wir also zwei interessante Partien, die Uhlmann in demselben Turnier gespielt hat. So können wir die Trümpfe des Angreifers und des Verteidigers gleichermaßen beobachten.

Uhlmann – Ribli
Manila 1976
1.c4 c5 2.Sf3 Sf6 3.Sc3 e6 4.g3 b6 5.Lg2 Lb7 6.d4 cd4: 7.Dd4: d6 8.0—0 Le7

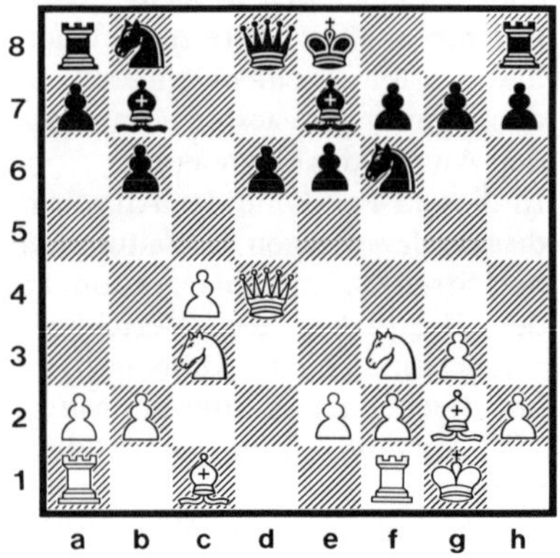

Stellung nach dem 8. Zug

Dieses Verteidigungssystem ist sehr elastisch. Schwarz erlaubt seinem Gegner, einen großen Raumvorteil zu erzielen. Die sich verteidigende Partei hegt die Hoffnung, daß die zu weit verbreitete Front des Gegners nicht mit entsprechender Kraft aus dem Hintergrund unterstützt wird. Darum kommt Schwarz aus seiner „Höhle" nicht heraus. Er verteidigt sich in einem engeren Raum, aber mit großer Konzentration seiner Streitkräfte.
Der Anziehende kann aus seinem Raumvorteil schwerlich Kapital schlagen. Bei jeder Aktion, sozusagen Schritt für Schritt, muß er mit der Gegenaktion (Sprengung) von Schwarz rechnen. Die Verteidigungsstellung ist einer Feder ähnlich, die zusammengepreßt ist, aber große Kräfte in sich konzentriert. Auch eine einzige übereilte Aktion des Angreifers kann die Feder emporschnellen lassen: durch die Sprengungen b5, d5, e5, g5 können die latenten Kräfte der Verteidigung plötzlich ans Licht kommen.
Der Angreifer darf also nur vorsichtig, mit großer Umsicht aufmarschieren. Aber wie? Niemand kennt noch die genaue Antwort. Der erste Kriegsplan besteht in der Steigerung des Druckes auf der d-Linie, kombiniert mit dem Abtausch der weißfeldrigen Läufer. Niemand hat aber diesen Plan bisher überzeugend ausgeführt. Einige gewonnene Partien sind noch nicht prozeßentscheidend.
In unserer Musterpartie wird die andere, in Betracht kommende Strategie erprobt: Weiß versucht, seinen Raumvorteil in einen Angriff auf den Königsflügel umzuwandeln.
9.e4 0—0
Es wäre interessant, die Rochade noch weiter aufzuschieben, z.B. 9....a6 10.Td1 Sbd7 11.De3 Dc7 12.b3 0—0 13.Lb2 Tac8 14.Tac1 Db8 15.Sd4 Tfe8 16.h3 Lf8 17.f4?

e5! 18.Sf5 d5! (Cserna – Portisch, Budapest 1975)

10.De3 a6 11.Sd4 Dc7 12.b3 Sbd7 13.Lb2 Tfe8!

Ein sehr wichtiges Verteidigungselement! Im Falle der Zentrumssprengung kann die weiße Dame keinen ruhigen Platz finden.

14.Tac1 Tac8 15.h3 Db8 16.g4

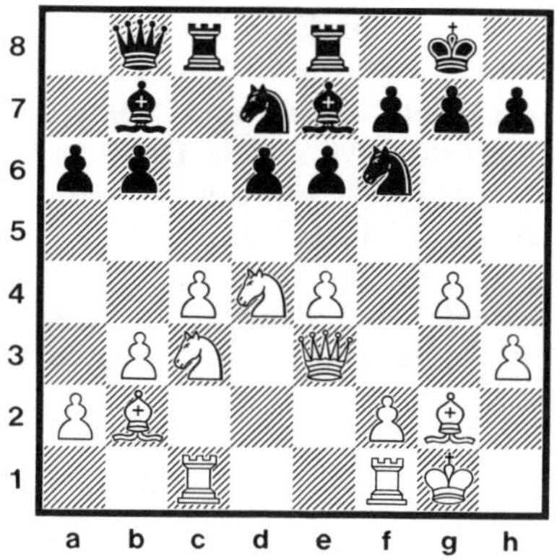

Stellung nach 16.g4

Weiß hat seine Karten aufgedeckt: er sucht nach Entscheidung auf dem Königsflügel.

16....h6 17.f4 Lf8 18.Kh1 La8 19.Tce1 Tc5 20.De2 Sh7

Schwarz dürfte nicht so lange warten! Jetzt wäre es angezeigt, zu sprengen. 20....e5! 21.Sf5 g6 kommt in Frage.

21.Tc1 Sdf6 22.Sc2 Tcc8 23.a3 Sd7 24.Se3 Shf6 25.b4 Lc6

Auf die typische Sprengung d6-d5 hat sich Weiß schon gut vorbereitet. Darum wäre die Sprengung schon nicht mehr wirksam. Z.B.:

a) 25....d5? 26.cd5:? ed5 27.e5 d4!

b) 26.ed5:? ed5: 27.cd5: Ld6 28.f5 Lf4∓

c) 26.e5! d4 27.ef6: dc3: 28.fg7: Lb4: 29.ab4: cb2: 30.Db2:±

d) 27....Sf6: 28.Sa4! und Weiß steht besser mit Rücksicht auf die schwarzen Schwächen.

Der Verteidiger erleidet im Mittelspiel eine strategische Schlappe, falls er nicht rechtzeitig zu sprengen vermag. Jetzt entscheidet der Bauernsturm am Königsflügel den Ausgang des Kampfes.

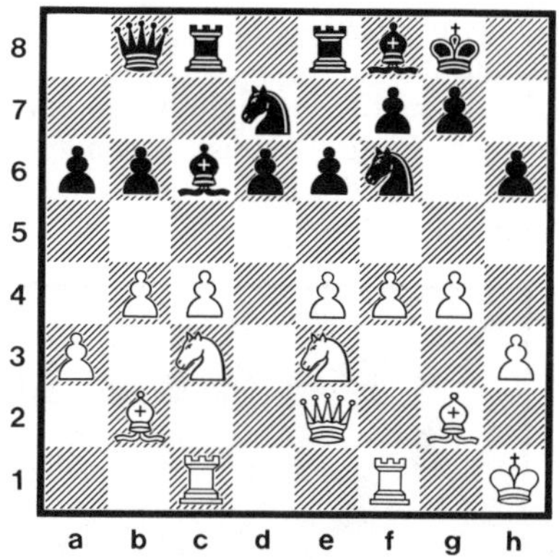

Stellung nach dem 25. Zug

26.g5! hg5: 27.fg5: Sh7 28.Df2 Se5? 29.Sg4! Sg5: 30.Se5: de5: 31.h4 Sh7 32.Df7:† Kh8 33.Se2 Le7 34.Sf4 Sf6 35.Sg6† Kh7 36.Se7: Te7: 37.De7: Se4: 38.Tf7 Tg8 39.Dc7! De8 40.Le5:†

Schwarz gab auf: 1:0

Die sportpsychologische Lehre aus der Partie: Nicht jedermanns Geistesanlage ist dazu geeignet, sich auf

ein langandauerndes Lavieren im Mittelspiel einzurichten. Es kann vorkommen, daß sogar mehrere Dutzend Züge das Wesen der Stellung nicht verändern. Das erfordert außerordentlich große Kaltblütigkeit und Geduld. Diese Fähigkeit kann man mit ergänzenden physischen Sportarten und Yoga-Übungen steigern.
Unser folgendes Beispiel weist nach, daß das Überrumpeln des gegnerischen Königsflügels keine leichte Aufgabe ist.

Uhlmann – Gheorghiu
Manila 1976
Die ersten 13 Zugpaare wie in der vorigen Partie. Es ist besonders lehrreich, da der Führer der weißen Steine derselbe Spieler ist!

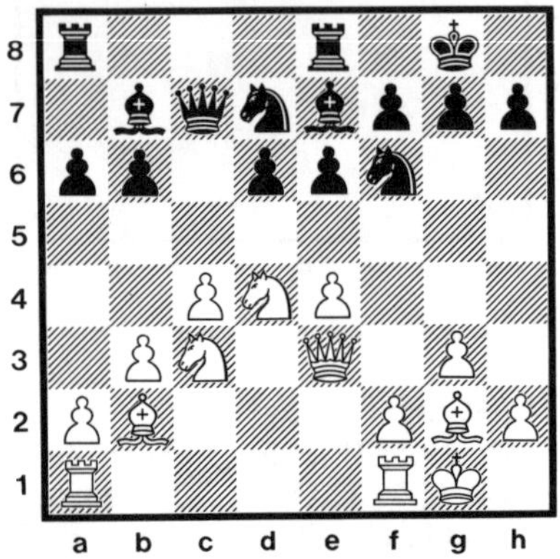

Stellung nach dem 13. Zug

14.h3!
Die winzigen Einzelheiten nachzuahmen, ist nicht ratsam, auch nicht im Falle einer gewonnenen Partie. Mit einer kleinen Veränderung kann auch der aus der Vorbereitung stammende Nutzen des Gegners verringert werden.
14....Lf8 15.Tae1 Sc5 16.Kh2 Tad8 17.Te2g6
Jetzt zeichnet sich das strategische Dilemma des Anziehenden ab: Während er am Königsflügel entsprechende Angriffskräfte mobilisieren könnte, kann Schwarz, vom Damenflügel und dem Zentrum ausgehend, schnelle und effektvolle Gegenstöße versetzen. Diese würden zumindest hemmend wirken.
18.Sc2 Lg7 19.La1 d5!
Sprengung zu rechter Zeit, d.h. wenn das Hinterland auf die Parade des Angriffs noch nicht vorbereitet ist.
20.e5 Sfd7 21.cd5: Se5: 22.f4
Auf 22....Sed3? plant Weiß 23.b4

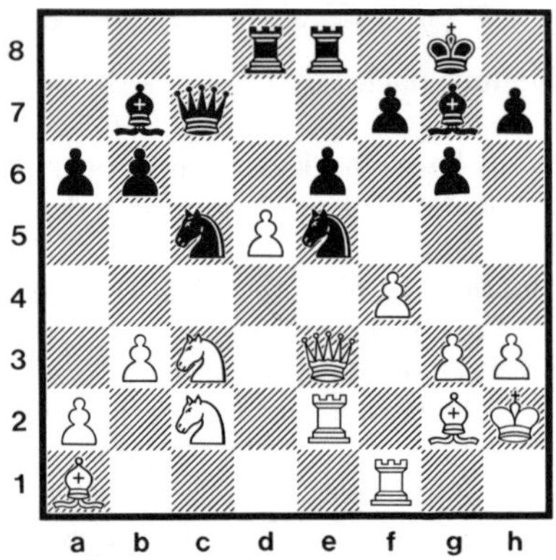

Stellung nach 22.f4

Falls im Mittelspiel ein Angriff auf einer breiteren Front ins Stocken gerät, erlaubt die harmonisch wirkende Verteidigung die erschöpften Angriffskräfte nicht wieder in Schlachtordnung zu stellen. Nehmen wir das an diesem praktischen Beispiel in Augenschein:

22....ed5:!! 23.fe5: d4! 24.Sd4: Te5: 25.Df2

25.Dg1? war nicht angängig wegen 25....Td4: 26.Dd4: Te2: 27.Dg7:† Kg7: 28.Sd5† Kf8 29.Sc7: Tg2:†, nach dem Textzug wäre 25....Td4: schon fehlerhaft angesichts der Erwiderung 26.Sb5.

25....Sd3 26.Dg1?

Vorher hat Weiß noch gesehen, daß dieser Zug verfehlt ist. Wenn aber der Angreifer in Verteidigung gedrängt wird, folgt ein kritisches sportpsychologisches Stadium. Damit sollen beide Parteien rechnen.

Jetzt hätte sich Uhlmann retten können, wenn er mit 26.Df7:†! das Material zurückgibt, z.B.:

a) 26.Df7:†! Df7: 27.Tf7: Kf7: 28.Lb7: Td4: 29.Se4! Tde4: 30.Te4: mit gleichem Spiel

b) 27.Tf7: Lg2:? 28.Tg7:† Kg7: 29.Se6† usw.

c) 27....Te2:? 28.Tg7:† Kg7: 29.Sce2: Lg2: 30.Se6† usw.

26....Td4:!

Freilich würde 27.Dd4: auch jetzt verlieren wegen 27....Te2: 28.Dg7:† Kg7: 29.Sd5† Kg8 30.Sc7: Tg2:†

Im Mittelspiel hat die Verteidigung triumphiert!

27.Td2 Lg2: 28.Dg2: Te3 29.Tf3 Tf3: 30.Df3: Dd8! 31.De3 Td7 32.Te2 h6

(Diagramm rechte Spalte)

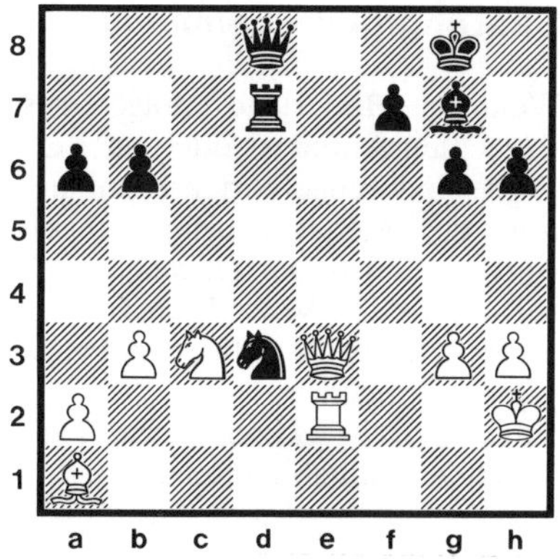

Stellung nach dem 32. Zug

33.Dg1?

Eine übliche psychologische Erscheinung: der Spieler, der aus dem seelischen Gleichgewicht gekommen ist, verhält sich auf die aus der Kriminalistik gut bekannte Weise: er ist zum Rückfall geneigt und kehrt oft zum Tatort (g1) zurück. Auch das „Mittel“ (Dame) ist dasselbe.

33....Se5! 34.Dg2 Td3 35.Tf2 Dd4! 36.Lb2 Tc3: 37.Lc3: Dc3: 38.Da8† Kh7 39.Da6: De3 40.De2 Dc5 41.Tf1 h5 42.De4 b5 43.Te1 Df2†

Schwarz droht mit 44. . . .Sf3

Weiß gab auf: 0:1

Die Lehre aus den beiden vorigen Partien: das langandauernde, lavierende Warten, die weitläufige Aufrechterhaltung der Spannung bedeuten eine erhöhte psychische Belastung. Auch das beweist die Wichtigkeit der psychisch-physischen Vorbereitung.

Gedrängtheit – Lähmung

Wenn das Hinterland infolge eines schlechten Aufbaues oder einer erfolgreich durchgeführten Kombination des Gegners disharmonisch wurde, kann dieser Umstand auch bei materiellem Vorteil den Zusammenbruch der betreffenden Partei mit sich bringen.
Solch ein Beispiel können wir in der folgenden Miniatur ansehen.

Flesch – Hrumo
Blindsimultanspiel 1960
Weiß spielte zur Wand gewandt und ohne Blick auf die Bretter gleichzeitig mit 52 Gegnern (Weltrekord).
1.e4 e5 2.f4 ef4: 3.Sf3 g5 4.d4 (zu riskant) **g4 5.Lf4: gf3: 6.Df3: Df6. Sc3!**
Nach 7.Lc7:? Df3: hätte Schwarz eine Mehrfigur. Jetzt kann aber 7....c6 mit 8.e5 nebst Se4 beantwortet werden. Oder nach 7....Dd4:? käme 8.Sb5!
7....Se7 8.Sb5 Sa6
(Diagramm rechte Spalte oben)
9.Lc7:!
Eine Überraschung, da der Läufer wegen Damenverlust, die Dame aber wegen matt nicht geschlagen werden können.
9....Lg7
Mit diesem Zug wollte der Nachziehende die weiße Kombination widerlegen.
Das Interessante der Partie besteht darin, daß Weiß, obwohl er eine Figur weniger hat, doch durch Tausch seine Gewinnchancen steigert.

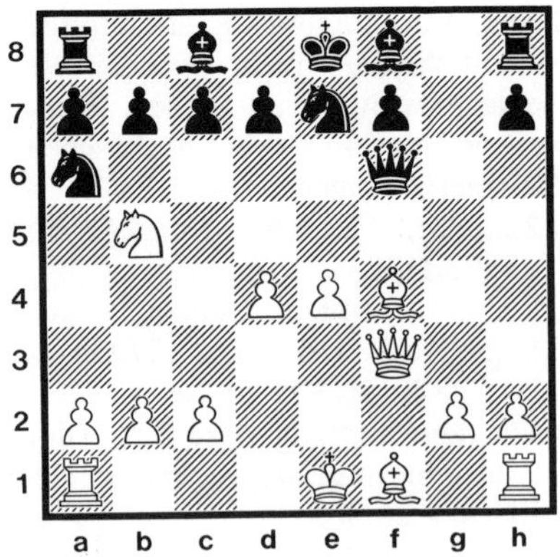

Stellung nach dem 8. Zug

10.Sd6† Kf8 11.Df6: Lf6: 12.La6:! ba6: 13.Tf1! Sg8 (oder 13....Lg5 14.Sf7: usw.)

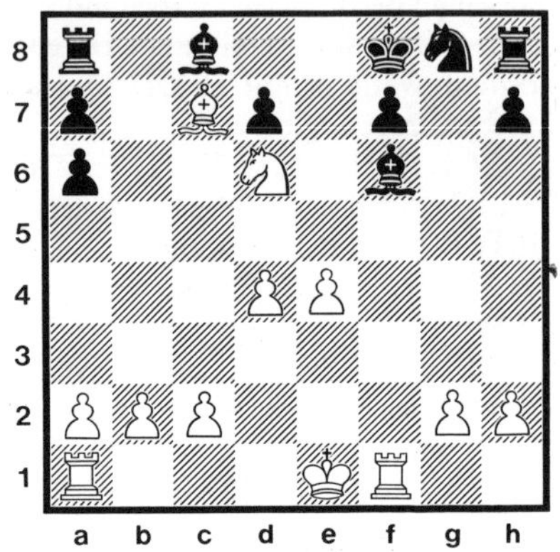

Stellung nach dem 13. Zug

14.e5
Man kann die schwarze Stellung mit einem unglücklich überfüllten Möbellager vergleichen. Trotz seiner Mehrfigur...
Schwarz gab auf: 1:0